フィギュール彩 ㊸

THE CULTURAL HISTORY OF STAR WARS

SHUNTARO ONO

スター・ウォーズの精神史

小野俊太郎

figure Sai

彩

彩流社

目次

第2部　あまりにアメリカ的な物語として

はじめに　遠い昔、遥かかなたの銀河系で

【宇宙からのインパクト】

大画面に20世紀フォックスのトレードマークが浮かび上がり、それとともにファンファーレが鳴り響く。ルーカスフィルムのロゴが浮かび、画面が変わると「遠い昔、遥かかなたの銀河系で」という説明が出てくる。宇宙船や異星人が登場する地球の未来の話だと思っていたのに、別世界のおとぎ話なのか、と観客は驚いてしまう。

そして文字が独特につながった「ＳＴＡＲ　ＷＡＲＳ」というタイトルが映り、クラシック調のテーマ音楽がフルオーケストラの大音響とともに始まる。画面の下から三角形になってせりあがってきたのは文字による状況説明で、そのまま画面の奥にある遠い彼方へと進んでいく。まさに「遥かかなた」に向かってなのだ。

説明文を読むと、共和国が帝国となり、共和制を守ろうとする反乱軍と帝国軍が争っているとわかる。反乱軍が最初の勝利を得て、惑星を破壊する力を持った「デス・スター」という要塞の設計図を盗み出し、託された王女レイアが帝国軍に追われているとわかる。こうした説明文が宇宙のかなたへと消え去り、タイトルの音楽もそこで終わるのだ。「エピソードⅣ　新たなる希望」とついたのは後のことで、公開時にはなかった。

次に画面全体が下へと向かうと惑星の姿が見え、上から宇宙船が逃げてくる。その小型宇宙船をレ

ーザー兵器で襲いながら、三角形の白い巨大な機体が下りてくる。その巨大船の名前が「スター・デストロイヤー」だと知るのはもっと後のことになる。とにかく画面いっぱいに、細かな凸凹のある船腹がどこまでも続いて、ようやく巨大な噴射穴が光る。全体の姿と大きさを理解して驚いてしまうのだ。帝国軍の軍事力を船体の大きさで素直に納得させられ、元老院の使節を乗せた宇宙船がその船底部に飲みこまれていくのだ。この映画で繰り返し出てくる、物に引き寄せられたり、飲みこまれるパターンの始まりとなる。

これが第一作目の『スター・ウォーズ』の冒頭部分である。観客の心をわしづかみにしたのは、館内に鳴り響いた大音量の曲や、星が浮かぶ宇宙の黒さと対照的な船体の鮮やかな白さだけではない。画面の下から上へと消えていった説明の文字がまるで反転したように、上から宇宙船が下りてくるという二つの動きによって、このあとの映像が水平方向だけではない画面構成を持つと予告されていた(実際デス・スターを反乱軍がXウィング機で攻撃したときに溝へと入るショットに当時の観客はぞくぞくしたものだ)。そして「帝国」対「共和国」の対立が、文字だけでなく視覚の上でも納得できた。

『スター・ウォーズ』が出てくるまでの十年間に、宇宙や未来を舞台にしたハリウッド発のSF映画がいくつも登場してきた。大きな転換点となったのは、一九六八年に公開された二作品——人類の進化と知性を扱った『2001年宇宙の旅』と核戦争と進化論を扱う『猿の惑星』だった。そして環境問題を扱う『サイレント・ランニング』(一九七二)のようなシリアスな映画も作られた。他には、破滅的で絶望的な未来を描く『未来惑星ザルドス』(一九七四)や死の戦いをくりひろげる『デス・レース2000年』(一九七五)があった。ここではアメリカの閉塞感やヴェトナム戦争末期のいらだちを映し出す暴力が描かれる。テレビドラマでも、異星人の地球侵略を防ぐ『謎の円盤UFO』(一九七〇―一)や宇宙へと漂流しながらさまざまな惑星を訪問する『スペース1999』(一九七四―五)といったイギリス作品が作られていた。そこで描かれたのは現在の延長上の技術であり、「将来可能だけど、まだ実現していないだけ」というSFの定義にあてはまる世界だった。しかも、大半の作品は、出発点であり、帰る場所としての「地球」という惑星に囚われていたのである。

ところが、『スター・ウォーズ』は、宇宙船や主人公たちが活躍する西部劇スタイルの「スペースオペラ」だった。主人公たちは英語で話しているけれど、別の銀河での話なので、地球とは無関係だった。離れた場所の話だからこそ魅力的だったのだ。そして、重要な武器はレーザー銃ではなくて「剣と魔法」というファンタジーの世界の話である。確かにジェダイの騎士だとか、彼らが振り回すライトセーバーという剣など、どれも中世の雰囲気が濃厚にある。そして手をかざすと力を発揮する「フォース」という超能力まで登場する。そこで「スペース・アドベンチャー」とか「銀河を舞台にしたおとぎ話」と映画会社は説明してきたわけだ。

内容はファンタジーに近いSFだったが、その創作過程には従来の手法だけでなく、新しいテクノロジーが入り込んでいて、撮影の舞台裏を知りたいファンの熱狂も加速した。デス・スター攻撃の模型の撮影を担当したチームは、映像の合成をするときに自作のコンピューターを利用し、何度でも正確なキャメラワークを再現できた。そのおかげで、今までの職人技的な映像合成技術を超えた精度を画面に与えるのに成功した(『ジョージ・ルーカスのSFX工房』)。アナログとデジタルの技術の融合という形で、ジョージ・ルーカスは古い酒を新しい革袋に盛ってみせたのである。

【日本公開とのタイムラグのなかで】

アメリカでは一九七七年の五月二十五日に公開されたのだが、日本での公開は一年以上たった七八年の六月二十四日に日劇などで先行公開され、翌週に拡大公開されたのだった。その間に大ヒットのようすや周辺の情報が少しずつ伝わってきた。今のように世界規模のインターネットの情報網があったわけではないし、映画の配給会社の手になる宣伝やマスコミ情報が主だった。それでもアメリカで観た人の感想や雑誌などの情報が流れてきて、日本でも若者やSFファンを中心に自分の目で見たいという渇望が生み出された。待ちきれずにアメリカに出かけた者もいたほどだ。

映画の同時公開は、現在でもマーケティングや吹き替え作業などの様々な理由で実現しないことが多い。あの『アナと雪の女王』も全米公開は二〇一三年の十一月だったが、日本では翌年の三月に封切られた。その間に「レット・イット・ゴー」の歌がインターネットなどを通じて広がり、日本にも浸透した。二〇一四年のギャレット・エドワーズ監督の『GODZILLA/ゴジラ』も、日本公開は二ヵ月遅れだった。ちなみにエピソード7は、日米同時公開となっている。

それにしても待たされた丸一年はさすがに長かった。その間にあちらこちらから『スター・ウォーズ』のテーマ曲が聞こえてきた。七七年秋には、ミーコの編曲による『スター・ウォーズ〜銀河系ファンクの世界』というディスコサウンド版のアルバムが日本でも発売され、有線やテレビやラジオで流れていた。LPレコードのジャケットには、宇宙服姿の男女がお尻をぶつけてファンキーに踊るイラストがついていた。武器による攻撃やR2-D2の声にあたる電子音があちこちで響く軽快な編曲によって、世界中でヒットした。

しかも「およげ！　たいやきくん」で有名な子門将人の歌で、ミーコ版に日本語歌詞をつけてリメイクした曲が映画のイメージソングとして発売された。歌詞の内容はルークやソロなどの人物関係の紹介と「レイアを救う」とか「ダース・ベイダーと戦う」という筋の展開を教えるもので、ジャケットには、映画とは関係ない形の宇宙船が戦うイラストが描かれていた。さすがにこれはルーカス側からクレームがついて店頭から回収されてしまったが。

そしてゲームメーカーのタイトーからは、イカやタコの形の宇宙人を破壊するゲーム機の「スペースインベーダー」が発売された。喫茶店などに置かれたのが、映画の日本公開と同じ七八年六月のことだった。タコ型エイリアンはH・G・ウェルズの『宇宙戦争』から貰ったが、もちろん『スター・ウォーズ』に大きなヒントを得たゲームだった。これは大ブームとなり、攻撃の電子音がいたるところで響くようになったのである。日本でテレビゲームの裾野を広げるのに大きな役割をはたしたのだ。

クラシック音楽をシンセサイザーで演奏してまずアメリカで認められ、一世を風靡していた富田勲は、七七年に発売された『宇宙幻想』にレコード会社からの依頼で「スター・ウォーズのテーマ」を入れている。ミーコにも通じる電子音によるもので、最後にユーモアを交えた編曲だったが、日本では七八年に発売された。また、ズビン・メータ指揮のロサンジェルス・フィルハーモニーが演奏した「スター・ウォーズ組曲」が七八年に出た。オリジナルの演奏はロンドン・フィルハーモニーを作曲者のジョン・ウィリアムス自身が指揮していたが、今度はクラシック音楽の正統な指揮者によって再解釈されたのである。しかも同じウィリアムズ作曲の「未知との遭遇組曲」とのカップリングだった。

こうして日本でも未見の映画への渇望が高まるなかで、柳の下に他のドジョウを探せ、とばかりに、宇宙ものの映画が続々と企画製作された。しかも『スター・ウォーズ』の本編公開までの一年のギャップを利用して、その前に封切られたのだ。

東宝は七八年の正月映画として福田純監督の『惑星大戦争』(一九七七)を公開した。UFOで攻めてくる宇宙人と轟天号という空飛ぶ潜水艦によって戦う。これは押川春浪原作の『海底軍艦』(一九六三)で登場していた潜水艦を空に浮かべたものだった。東宝映画のこのタイトルは、当初『スター・ウォーズ』の邦題として考えられていた(石上三登志『SF映画の冒険』)。それに対して、東映は七八年四月のゴールデンウィークに深作欣二監督の『宇宙からのメッセージ』を公開する。監督のアイデアで、『南総里見八犬伝』をモチーフにした宇宙でおこなうチャンバラ映画だった。千葉真一などアクションを得意とする俳優たちが活躍した。

『惑星大戦争』と『宇宙からのメッセージ』のどちらも古風なネタを持ち出す点で『スター・ウォーズ』と共通している。そして東宝は特撮映画、東映はチャンバラ時代劇というそれぞれの会社の得意な枠組みで映画化したのだが、新しい革袋に盛るまでにはいたらなかった。どちらもカルト的な人気を得たが、現在でも『スター・ウォーズ』のインパクトを受けた模倣作品の扱いにとどまっている。それにしても、日本公開前にこれだけの影響を与えたのも、いかにアメリカでの『スター・ウォーズ』の登場が、目覚ましいものだったかを物語っているわけだ。

【二つの三部作】

脚本準備に二年をかけたせいで、アイデアがたまりすぎて内容がふくらみ、最終的に三部作となることを念頭においてルーカスは製作した。

七七年の『スター・ウォーズ』(後に「新たなる希望」とされる)、八〇年の『帝国の逆襲』、八三年の『ジェダイの帰還』となる。そして十五年以上の長い空白があって、新しい三部作が九九年の『ファントム・メナス』、二〇〇二年の『クローンの攻撃』、〇五年の『シスの復讐』と続くことになる。全体が九部作で、二体のロボット(ドロイド)だけが全編に共通するという構想が語られたこともあったが、ルーカスの手になったのはこの六部作だけである。第一のオリジナルの三部作と第二のプリクエール(前史)の三部作との全体は「**サーガ**」と呼ばれている。これ以降サーガと呼ぶときは、ルーカスが監督や製作に関与した六本の映画作品を指す。

ルーカスがすべての権利をディズニーに譲ったあとで、エピソード7『フォースの覚醒』からの新しい三部作が登場する。今までの「旧」三部作とか「新」三部作に加えて、「今度の」とか「次の」三部作と表現するしかなくて、説明がややこしくなる。ルーカスの二つの三部作とディズニーの三部作という名称でも分りにくい。そこで、こうした混乱を避けるために、この本では独自の呼び方を採用することにした。

エピソード4から6までの最初に発表された三部作は、主人公のルーク・スカイウォーカーの名前をとって「**ルーク三部作**」とする。そして、エピソードの1から3までの第二の三部作は、やはり主人公のアナキン・スカイウォーカーの名前をとって「**アナキン三部作**」と呼ぶ。製作されたのは、まず「ルーク三部作」、次に「アナキン三部作」の順だが、物語の時系列からすれば、父である「アナキン三部作」、次に子である「ルーク三部作」の順番となっている。ルーカスは最終的にエピソードを順番に観てもらいたいと願っていた。そうすると、『ファントム・メナス』→『クローンの攻撃』→『シスの復讐』→『新たなる希望』→『帝国の逆襲』→『ジェダイの帰還』となる。

ここで注意点を三つあげておこう。第一に、『ジェダイの帰還』は、劇場公開時から長らく日本では『ジェダイの復讐』とされてきた。確かに最初つけられた英語の原題は「復讐（リベンジ）」だったのだが、全米公開時には「帰還（リターン）」と訂正された。それなのに邦題のほうは『ジェダイの復讐』のままで長らく変更されなかった。ようやく二〇〇四年にルーク三部作をDVD化したときに訂正されたので、この本ではそれに従っている。古くからのファンで、違和感を覚える人がいるかもしれないのでお断りしておく。

第二に、第一作目について語るときに『スター・ウォーズ』と表記している場合がある。これはサーガの第4エピソードとしての『新たなる希望』ではなく、一九七七年に公開されたときの出発点を重視するためである。それからエピソードをしめす数字は、画面上では本来ローマ数字なのだが、読みやすさを優先して日本語字幕と同じくアラビア数字に置き換えた。

第三に、オーウェン・ラーズとルーク・スカイウォーカーとの関係である。従来はオーウェン「叔父」とされてきたが、ここでは父親の兄を呼ぶときの「伯父」と表記することにした。したがって、ベルは「伯母」となる。アナキンの母親のシミは、妻を亡くしたクリーグ・オーウェンと再婚した。そのためアナキンはクリーグとは義理の息子の関係に、したがってクリーグの息子のオーウェンとは義弟の関係となる。英語版の「ウーキーペディア」などによると、オーウェンはアナキンの十歳年上である。だから、オーウェンはアナキンの義兄であって、アナキンの息子のルークからみると伯父にあたるのだ。細かい点かもしれないが、なぜラーズ家に、「甥」としてスカイウォーカーという苗字の人間がいるのかを考えるときに、血がつながっていない義理の関係という確認は重要だろう。

サーガの六作品が作られた間にも、ファンの渇望や物語の空白を埋めるように、イウォークを主人公にした子ども向けのテレビ作品や、作品中に言及されていた「クローン戦争」を扱ったアニメのシリーズが放映された。そして、ルークやハン・ソロが活躍する小説やコミックスなどの「スピンオフ」作品が出ていたし、今も生み出されている。しかもTシャツからグッズやゲームを含めたメディアミックスのなかで、「スター・ウォーズ」神話が形成されてきた。

そこには、映画会社から束縛されずに自分好みの映画を作ろうとするジョージ・ルーカスのしたたかな戦略がある。ルーカスは、自分の頭に抱いたイメージを映像上に実現可能とする技術を開発してきた。そのためにもグッズ販売による利益で資金調達して、映画会社からの独立を保ってきた。ルーカスフィルムという映画制作会社を中核に、子会社として特殊撮影を担当するＩＬＭと、音響に関して技術開発をするスカイウォーカーサウンドなどがグループを成している。そして、コンピューターのＣＧ部門だったピクサーは、スティーヴ・ジョブズに買われて別会社として独立し、後に『トイ・ストーリー』(一九九五)などを制作した。ルーカスたちの技術開発のおかげで、映像の編集もフィルムを使わずにディスプレイ上でおこなえるようになった。さらにいえば、世界の映画館で『スター・ウォーズ』を観るために順番待ちをした客がたくさん出たせいで「入れ替え制」が当たり前になってしまった。長年にわたった映画の視聴時の習慣さえもサーガは大きく変えてしまったのだ。

【本書の全体の流れ】

この本では、すべての作品を網羅する「スター・ウォーズ大全」としてではなく、ルークとアナキンの三部作に限定して話を進める。ディズニーに渡った後のエピソード7の『フォースの覚醒』から始まる次の三部作は視野に入れていない。あくまでもルーカスの手になったサーガだけを考えている。残された六本の映画をいろいろな角度から見直すことで、このきわめてアメリカ的な物語が、どうして普遍的なものとみなされ、日本も含めた世界中で受け入れられてきたのかの理由を探っていく。

第1部では、「ルーク三部作」と「アナキン三部作」それぞれの特徴と連続性について考えてみた。製作順で考えるのと、時系列で考えるのとでは、ライトセーバー戦やクローンやドロイドの兵士の意味合いが変わってくる。スピンオフ作品についても、クローン戦争を扱ったアニメやイウォーク物について触れた。こうした広がりを持つのがまさにサーガの魅力だろう。

第2部では、日本人の私たちは忘れがちだが、この作品がアメリカ産でしかも七〇年代に着想されたという原点に立ち返り、四つの角度から迫ってみた。最初は「共和国」として始まったアメリカにとっての「帝国」の意味がどう投影されているのかを考えた。次に、砂漠や氷原や溶岩流といった崇高な風景が描かれるが、それと「循環する世界」やエコロジーの発想がどうつながるのかを追及した。第三に、ルーカスが育った「西部」という土地が与えた世界像を探り、最後に「戦争」をし続けてきたアメリカとサーガとの関連を考えてみた。作品が時代や環境や社会と無縁に作られていないことがよくわかると思う。多様な異星人が出てくるが、それは「西部劇」以来人種や民族の「坩堝《るつぼ》」を描いてきた伝統に則ってもいるし、先住民への白人優位の歴史をそこに読むこともできる。そして、戦争の前線に兵士を派遣する戦争国家としてのアメリカの現実を映してもいるのだ。

では、このあまりにアメリカ的な特徴を持つ映画の普遍的な魅力の秘密をひもとくことにしよう。もちろん、私たちの合言葉は「フォースのともにあらんことを《メイ・ザ・フォース・ビー・ウィズ・ユー》」だ。

第1部　二つの三部作とスピンオフ作品

第1章　ルーク三部作と善の成長

1　タトウイーンの二つの太陽

【始まりはタトゥイーン】

一九七七年にアメリカで、その翌年に日本で、サーガのなかのルーク三部作（旧三部作）の出発点となる『スター・ウォーズ』が劇場公開された。冒頭には「エピソードⅣ　新たなる希望」と出てきた。自分たちがシリーズの途中を観ているとわかって驚いたものだ。インディ・ジョーンズの第一作『レイダーズ／失われた聖櫃《アーク》』（一九八一）もやはり冒険の途中から話は始まる。これは連続活劇の手法であり、いきなり観ても困らないように善玉と悪玉の関係がパターン化されている。

戦前のような連続活劇が視聴できる場は、すでに映画館からテレビへと移行していた。多くの観客が、大半の映画は一作で完結するものだと思いこんでいた。『スター・ウォーズ4』とは表記されていなかったのに、最後まで観ても敵役のダース・ベイダーは殺されず、彼の乗った戦闘機ＴＩＥファイターは味方とぶつかって弾き飛ばされると、そのまま宇宙のかなたへと逃げ去ってしまう。そこからは「続く」というメッセージを読み取るしかなかった。きちんと完結しない中途半端な結末のせいで、不満と続編への期待とが入り混じって一気に高まったのである。

時代背景を冒頭で説明するのは歴史物映画などではよくある。説明文が下からせりあがってくるのも、ルーカスが偏愛した戦前の連続活劇『フラッシュ・ゴードン』（一九三六―四〇）が採用していた。たとえ説明がなくても、二隻の宇宙船が出てきて、大きい方（スター・デストロイヤー）に追われた小さい方（オルデラーンの外交使節船）が正義の側というのは、映画の視覚的な約束事であろう。しかも丸みを帯びた船と、三角形の船とが姿形の上でも対比されている。帝国軍の船の白い鋭角的な姿が、侵入し破壊する者（なにしろ「星の破壊者」なのだ）の強さを伝えるし、三つの巨大な噴射孔が威圧的に見えるのだ。それに特別篇では、そこにCGによる噴射のようすが派手に付け加わった。

オルデラーンの外交使節船を飲みこんだ帝国軍の戦艦から、扉を爆破して黒装束のダース・ベイダーが率いる帝国軍が侵入してきて戦闘が始まる。そして船のなかで王女レイアから要塞の設計図を託されたR2-D2と、相棒のC-3POという二体のドロイド（人型ロボット）とが逃げ出した先は、辺境にあるタトゥイーンという地味な惑星だった。この名前は作品を撮影したチュニジアにある町「タトウイヌ（タタウイン）」からきている。ちなみに、アナキン三部作に出てくる惑星ナブーも、やはりチュニジアにある地中海沿いのリゾート地の「ナブール」から来ているのではないか、と宮川昌己は推測している（『スター・ウォーズ世界の環境設定』）。

この惑星タトゥイーンは乾燥していて、農耕をするためには空中から水分を抽出するしかない。砂漠の中のラスベガスのように、ジャバ・ザ・ハットが支配する歓楽の街があり、空港のモス・アイズリーは、どこか大西部の風景が重ねられている。無法者、密輸業者、暗殺者などの吹き溜まりで、まさに宇宙を舞台にした西部劇つまり「スペースオペラ」なのだ。ルーカスも「SFをやっているわけじゃないと初めからわかっていた。スペースオペラ、ファンタジー映画、神話作品、おとぎ話をやっていたんだ」(『注釈版シナリオ』)と後に語っている。

スタンリー・キューブリック監督の『2001年宇宙の旅』(一九六八)が、NASAの監修のもとで「実現可能な未来」をリアリズムで描こうとしたのに対して、『スター・ウォーズ』でルーカスが表現したのは、宇宙船の造形から白の色調までさまざまな点でキューブリック作品を意識しながらも、あくまでもファンタジーだった。地上で無重力状態を表現するために、キューブリック映画は大仕掛けな装置のセットを組み、人間や物を吊った線が見えないように工夫していた。ところがルーカス映画の方は、空中戦も重力の方向軸はかなりいいかげんだし、猛スピードで飛んでいるはずの宇宙船を人間が目視して撃墜できたり、宇宙での爆発場面もいかにも派手な演出をともなっている。まさにスペースオペラでありファンタジー映画だった。

タトゥイーンに着陸した凸凹コンビである二体のドロイドは、盗品や屑物を扱うジャワ族の業者の手に落ちる。その業者から買い取ったのが、オーウェン・ラーズの一家であった。この農民夫婦の甥で、栽培の手伝いばかりで帝国アカデミーにも行けず、仲間と会うために「トシ・ステーション」へ出かけるのもままならない日々を送っていた若者がいた。この若者こそが、私たちのヒーローであるルーク・スカイウォーカーなのだが、このときには苗字がしめすように空を歩くような冒険者になるとはとても見えない(当初の苗字は「スターキラー」ともっと破壊的だった)。ドロイドの整備や洗浄、あるいは農場のシステムのお守りが日常の仕事となっている。

ルークは伯父のオーウェンに向かって、農耕用機械を動かす機械語を操れるドロイドたちを手に入れたのだから農作業も楽になるので、来期こそ帝国アカデミーに通わせてほしいと言う。だが、農作業の収益が入るのを待つようにと延期を言い渡される。ルークは怒ってしまい食事の途中で外に出ていく。その様子に、父親に似ているから外へと向かう願望を止められない、と伯母は言うのだが、「だから心配なのさ」と伯父は懸念を口にする。この会話からルークには出自を含めた謎があると観客にはわかってくる。

【タトゥイーンの二つの太陽】

ドロイドたちが墜落したタトゥイーンの砂漠は、暑いときには摂氏六十度以上になるとされる。砂漠のなかに巨大な生物の骨が出現して驚かされるが、この惑星が乾燥している理由は観客にすぐにわかる——太陽が二つあるのだ。タトゥイーンは連星を回っている惑星であり、そのおかげで日没にはとりわけ美しい夕焼けが出現する。もちろん人物にシルエットを与え、明暗の対比を生むので、昔から夕陽はさまざまな映画を彩ってきた。しかも今回は二つの太陽が生み出す夕陽なので、与える印象は強烈である。

伯父に帝国アカデミーへの進学を拒否され、友人のビッグスたちのように故郷から脱出する夢もかなわず、失意のルークがタトゥイーンの二つの太陽の日没を見る。上の太陽は白く、下の太陽は赤くて雲がかかっている。横顔に太陽の光を浴びてルークが立つ姿に、ジョン・ウィリアムズが作曲したルークの主題の音楽が流れ、否応なしに雰囲気を高めてくれる。理想と現実に引き裂かれたアメリカの田舎町の若者が抱える屈託をよく表している。ルーカスの前作である『アメリカン・グラフィテイ』（一九七三）で、大学進学を機に脱出を考えている若者たちと、地元に残る若者たちのそれぞれの思いが描かれていたのと通じる。

この後でルーク本人がタトゥイーンの夕焼けをしみじみと見る場面はない。だが、このときルークと観客の目に焼きついたダブルの太陽が、サーガ全体では出会いや別れをともなうときに姿を見せるのだ。それは全体を貫くだけの強いイメージを持っている。

タトゥイーンのダブルの太陽は、パート６の『ジェダイの帰還』で再び登場する。ルークにとって久々の故郷への帰還となるが、その目的は炭素冷凍となったハン・ソロをジャバ・ザ・ハットの宮殿から助け出すためだった。ジャバの宮殿の向こうに日没が見えるショットでは、下の赤い太陽は半分沈み、上の白い太陽には雲がかかっている。故郷に対して郷愁を感じる瞬間はここにはない。せいぜい処刑のために砂漠に連れて行かれるときに、ソロに向かって「見るべきものは何もないよ。ぼくは昔ここに住んでいたことがあるからね」と言うだけだ。その後でダゴバ星系に行って、ヨーダの最期を看取るとき、アナキンがダース・ベイダーであることを確認し、さらに双子の妹が王女レイアであることを知るのである。たとえルークが敗北しても望みがまだある、とヨーダは考えていた。まさに双つの太陽の片方が沈んでも、ひとつは残っている夕暮れの光景と結びつくのだ。

アナキン三部作でのタトゥイーンのダブルの太陽はさらに印象深い。パート１の『ファントム・メナス』で、アナキンがタトゥイーンから離れるときに、母親は運命だとして「太陽が沈むのを止めることができないように」という。太陽に複数形を使っていて、タトゥイーンが連星を回っていることを思い出させる。その言葉でアナキンは母親とようやく別れる。ここで流れるのはルークのときと同じメロディなのだが、ダブルの夕陽は登場しない。

次のパート2『クローンの攻撃』では夕陽が大きな働きをする。タトゥイーンにアナキンが戻って、タスケン・レイダーに拉致された母親を救出するために、アナキンが向かう場面に夕焼けが広がる。そこで見えるダブルの夕陽は大きい。そして雲に反射して夕焼けの光が画面にあふれる。アナキンの憤りをそのまま反映しているかのようだ。しかも、その夕陽の場面の前に、アナキンとパドメが別れる場面では、二つの黒い影が長く伸びて、義父のラーズ家の白い建物に落ちている。それは二人の気持ちがすれ違っていくことや、アナキンが変質する分岐点をしめしていた。

アナキンがジャワ族に行方などを訊く間に、しだいに日が沈んでいく。そして夜の闇の中で、見つけたタスケン・レイダーのキャンプに忍び込み、捕えられていた母親を発見する。だが、彼女はアナキンに抱かれて亡くなる。怒りに燃えたアナキンは、タスケン・レイダーの村人を女性や子どもまで皆殺しにしてしまい、フォースの暗黒面へと大きく落ちていくことになる。

エピソード3の『シスの復讐』の終幕で、パドメが生んだ赤ん坊であるルークをオビ＝ワンはタトゥイーンにいるルークの伯父夫婦に託すのだが、このときの夕景は美しい。たくさんのうろこ雲が浮かび、沈む二つの太陽がその後の双子の運命を告げている。観客がその光景を感慨深く受け取れたのは、すでにルーク三部作において、それぞれの人生の行く末を観てきた体験と重なるからである。その二重性が物語に厚みを与えるのだから、エピソード1から順番に観てしまうと、タトゥイーンの二つの太陽のイメージがすぐに3から4へと続いてしまい、あまり効果的ではないのだ（この配列の是非に関しては次章で詳しく述べる）。

連星を回る惑星というのは、ルーカスが執筆したときには、SF小説などではおなじみではあったが、あくまでも架空の存在だった。理論的には推定されてはいたのだが、二〇一一年にケプラー16AとBの連星に惑星が回っていることが確認された。そのときには発表したNASAも含めて誰もがタトゥイーンを連想したのである。

いずれにせよ、二つの太陽を持つ惑星で話が始まることに大きな意義があったのだ。太陽がしめす「ダブル」は、ひとつの心の中に「希望と絶望」あるいは「善と悪」とが同居する状態とつながる。ルークと彼の影の部分との関係や、父アナキンが偉大なジェダイの騎士であったのに、帝国軍の悪の手先であるダース・ベイダーへと変質したと知って、ルークにとり父親のイメージが分裂し苦悩する。究極のダブルはルークと王女レイアの双子関係である。こうした双子の設定は当初からあり、草案のひとつでは兄妹でなく兄弟の場合もあった。ルーカスのなかには〝ダブルへの偏愛〟があるのだ。

【二体のドロイドと黒澤映画】

ダブルの太陽について考えると、二体のドロイドのコンビが気になってくる。冒頭でルークと運命の人となるオビ＝ワン・ケノービとを結びつけるのが、ドロイドのC-3POとR2-D2の二体の役目だった。これも二体でワンセットである。彼らはサーガの全編に姿を見せるだけでなく、金と銀、大と小、雄弁と寡黙、口先と行動という対比のせいで、コミカルな味を出している。しかも二体が途中で別れたり再会することが、そのままストーリーの流れとなっていくのだ（スティーヴン・ギャリポウ『ルーク・スカイウォーカーの遍歴』）。二体のドロイドは単なる狂言回しとして働くだけでなく、機械だからこそ時代をこえて生き延びていく理念や苦悩を代弁できるのだ。

当初の構想では、この二体のドロイドは三つの三部作のすべてに登場して、持ち主が次々と替わることになっていた。現にこのエピソード４『新たなる希望』でも、オルデラーンの外交使節船の船長の持ち物だった。後に作られたテレビアニメの『ドロイドの大冒険』(一九八五―六)でも、持ち主に捨てられたり、自分たちで主人を求めてオークションに参加したりしながら、二体が「生き延びていく」ようすが描かれている。『ファントム・メナス』で、アナキンがジャンクを利用して作り上げたドロイドがC―3POだった。ドロイドが持ち主を変えて生き延びていくのは、ルーカスが当初持っていたプラン通りなのだが、この作品世界の住人で一番したたかな存在が、社会階層としては底辺にいるドロイドたちだった。

ルーカスがこの二体のドロイドの造形のヒントにしたのは、黒澤明監督の『隠し砦の三悪人』(一九五八)で絶えず言い争いをしている太平と又七という農民だったことはよく知られている。ルーカスがハリウッド製以外の映画を本格的に観たのは、南カリフォルニア大学の映画学科に進んでからであり、授業やそこで出会ったジョン・ミリアスといった友人たちから、黒澤映画をはじめとする外国映画の魅力を教わる。

ルーカスが選んだ黒澤映画は『隠し砦の三悪人』だった。『荒野の七人』(一九六〇)や『荒野の用心棒』(一九六四)というリメイク作品がすでにあったので、別の作品を求めたのかもしれない。リメイクさえも構想しながら、そのプロットを自分なりに咀嚼して書き直すなかで、しだいに自分なりの『スター・ウォーズ』の世界へと広げていった。確かに映画の中心人物に、意志の強い王女レイアがいるのは『隠し砦の三悪人』の雪姫のなごりだし、秘密要塞という考え自体がまさに「隠し砦」に由来する。しかも草稿のひとつでは、主人公を十六歳の少女にしている版さえあった。これが実現していたならば、『スター・ウォーズ』のイメージはまるで違ったものになっていたはずである。カンサスの平原で伯父と伯母に育てられた孤児が、突然襲ってきた竜巻によって違う世界へと行き、そこで三人のしもべと冒険の旅をする——あの『オズの魔法使い』を連想させる話になったのかもしれない。

私たちが考えるほどストレートにジョージ・ルーカスの頭の中から物語が誕生したのでも、最初に神話学者のジョーゼフ・キャンベルの図式があって、その上に材料を集めて機械的に組み立てたわけでもない。『フラッシュ・ゴードン』などが下敷きだったので、ライトセーバーの採用前には、銃で撃ち合うというまさに西部劇的なスペースオペラの設定もあったのだ。それに、どうやら剣を持つ中世的な世界を最初から確定していたわけでもない。しかも採用されたのは、片手で扱うフェンシングではなくて、日本刀のような両手剣を使う剣術なので、俳優のアレック・ギネスなどは剣の扱いそのものに苦労したようである。ルーカスが大きなインスピレーションを得たのは、エロール・フリンが主演した第二次世界大戦前の『ロビンフッドの冒険』(一九三八)や『海賊ブラッド』(一九三五)といった剣戟物だったが、そこではあくまでも片手で戦っていた。

ルーカスは友人たちと話し合いながら自分の構想を述べるなかで、ゆっくりと『スター・ウォーズ』を育ててきた。『THX-1138』(一九七一)の延長で、当初ドロイドだけを登場させたことに批判が浴びせられ、その結果次々と関連するキャラクターが出てきたのだ。ここからルーカスは、映画というのは「論理的ではなく感情的にしたほうがいい」と教訓をえたという。これは図式主義的な創作方法を否定する考えである。

しかも、二体のドロイドたちを採用したことで、「内乱の時代」を皇帝や将軍や元老院議員の立場からだけでなく、社会の下から見る視点が加わったのだ。二体の言い争いが、ときには周囲の人間たちへの辛辣な批判となったりする。もちろんR2-D2が電子音でしゃべる内容は、C-3POによる機械翻訳か、ディスプレイ上の文字表記を通じてしかわからない。だが、C-3POへの返答や文脈でそれとなく想像はつくし、何よりもR2-D2を演じた役者のおかげで、喜怒哀楽は体の動きでもかなりわかる。いつでも多弁で、イギリスの執事風の身のこなしをするC-3POとは対照的に見えるのだ。

とりわけ、C-3POの黄金色の身体は、物語の中で砂や泥に汚れて反射を失っていく。『新たなる希望』では、戦闘でのカーボンがこびりつき、砂漠の砂で傷つき色も鈍くなるし、ときどきぶつかって凹みを作る。こうして汚したのには実際的理由があり、磨き上げると鏡のように反射して撮影のキャメラや照明が映りこんでしまうのを防ぐためだった、と「中の人」であるアンソニー・ダニエルズが証言していた(『夢の帝国』)。最後の叙勲式の場面ではピカピカに磨きたてられて登場する。C-3POが新品同様となるたびに物語も新規にまき直されるのだ。

この二体は映画の「凸凹シリーズ」で有名なアボットとコステロのような喜劇コンビに近い。ハリウッドの喜劇映画は、日本の漫才や話術による笑いの形成に大きな影響を与え、黒澤の映画的母体となった東宝映画でも借用されたので、回りまわって本家に帰ったともいえる。従者がこのように凸凹コンビだと物語が膨らむのは『西遊記』を考えてもわかるし、わが国の水戸黄門にだって、助さん格さんがいるではないか（もっともこれ自体が明治以降の産物ではあるが）。

二体のドロイドには映画だけでなくスペースオペラの原型もある。エドモンド・ハミルトンが四〇年から書いた「キャプテン・フューチャー・シリーズ」には、主人公のカーティス・ニュートンの片腕として、たえず悪口を言い合うロボットのグラッグと人造人間のオットーがいた。そして「キャプテン・フューチャー」を翻案した日本の特撮SFドラマの『キャプテンウルトラ』（一九六七）でも、助手役のロボットのハックとキケロ星人のジョーが対立する。今では渋い俳優となった若き小林稔侍が、ジョーを体当たりでコミカルに演じていた。

ラーズ家で購入したはずのR2-D2が、勝手に本当の主人を求めて家出したことで、探しに行ったルークは顔見知りの隠者ベン・ケノービーことオビ＝ワン・ケノービーと出会う。観客は過去の因縁がよくわからないまま、主人公ルークとともに物語世界へと入っていく。ルークは帝国軍と反乱軍が戦っている以外の情報はあまり持っていない。遠く離れた星空で起きているので、辺境の惑星の住人には詳しい事情を知りようもなく、どこか夢物語に近い（「トシ・ステーション」からスター・デストロイヤーの攻撃を見上げる場面が撮影されたが編集段階でカットされた）。ルークが同盟軍へ参加するのを夢見て、スカイホッパーの模型を振り回す場面がある。ルークはパイロットとして乗りこなす技術を友人たちと競っていたという設定である。だが、農民の子どもにとって土地を離れることは実現の可能性が乏しい話だった。しかもルークはラーズ家の一人息子という立場である。

けれども、オビ＝ワンに渡すデータをR2-D2に託す王女レイアの顔を立体ホログラフで見たことで、外の世界への関心と行動が広がっていく。オビ＝ワンの大義名分的な説得だけでは、ルークは動かなかったに違いないし、王女レイアに関心を抱いたことをオビ＝ワンも気づいている。だがフォースやジェダイの騎士やライトセーバーといった話が一気に出てきて誘われると、今度はルークの方がとまどってしまう。「参加できないよ。やらなくちゃならない仕事があるんだ」と断る始末である。

ルークは、最初から自分の運命を自覚していたわけではない。それでも、英雄にとって「美女」の懇願は冒険へと心を動かす動機のひとつとなりえた。そして『スター・ウォーズ』は、『THX－1138』、『アメリカン・グラフィティ』と共にルーカスの映画をつらぬく「閉塞状況からの脱出」というテーマを引き継いでいる。カリフォルニア州モデストという田舎町で育ったジョージ・ルーカスにとってこの決断は大きな意味を持つものだった。ただし、ルークを外へと誘惑していた「美女」が、生まれてすぐ別れた双子の妹だったとわかるのはもっと後のことなのだが。

タトゥイーンの二つの太陽と二体のドロイドは、ルークとレイアの双子の問題とつながるし、さらには、シスやジェダイが師匠と弟子の二人で行動するという双数的な組み合わせに結びつく。双数というのは手や足のように二つで一対となる名詞を特別視することで、古代ギリシア語などでは単数と複数以外に独特の動詞形を与えていた。善と悪が双数的に一対ならば、対立しながらも絡み合い離れられない。世界を双数で把握することは、キリスト教的な一元論とは異なった二元論の世界観の基ともなりえる。ダブルに囚われたルーカスが当初予定していた三つではなくて、二つの三部作しか完成できなかったのか、にもひとつの答えを与えてくれる気がする。

2 物語の始め方

【物語は途中から始まる】

こうしてルークは否応なしに、自分が参加したかった反乱軍と憎む相手である帝国軍との戦争、つまり「スター・ウォーズ」に巻き込まれる。だが映画の始め方そのものが問題ともなった。通常はタイトルの前後に配役やスタッフが紹介されて、プロデューサーそして監督という順序でしめされる。ところがルーカスは名前のクレジットを全て抜いてしまったので、俳優組合などからクレームがついた。そういう意味でも、いきなり始まったことを観客に体感させたいというルーカスの目論見は新しかったし、従来の制度に反逆していたのだ。学生時代に、五分の長さという制約のある課題に、二十分以上の作品を作って、既存の枠から逸脱する可能性を教授たちに感じさせた。そうした型破りな才能がここで発揮されたのだ。

もっとも、主人公や観客を物語の途中に投げ込む手法は昔から存在する。ホメロスが書いたとされる古代ギリシアの叙事詩『イーリアス』や『オデュッセイア』に採用されていた。古代ローマの詩人ホラティウスはこの手法を「物語の途中で(イン・メディアス・レス)」と名づけた。ルネサンス以降の叙事詩文学では、時系列に沿った「自然」な流れではなく、このように途中から語るのが「人工的な」流れだとして意識的に利用された(『プリンストン版詩と詩学辞典』)。映画もこの技法を踏襲していて、とりわけ戦争や闘争が主となる「叙事詩映画」で多用されるのだ。

途中からいきなり物語の内側へと入っていく手法のせいで、この作品は神話性を増したのである。最初の因縁から語るという時間の順序に頼らないせいで、観客は出来事を全身で受け止めるしかなく、その意味がしだいにわかってくることに快感を覚えるのだ。もしも、秘密要塞の設計図を盗んだ話などから始めたら台無しになっていただろう。帝国軍が奪われたものを取り返すために襲ってくる、という出発点が、全体として奪われた共和主義を取り返すという反乱軍の物語へと転じていく。この構図のせいで観客は冒頭に戻って観たくなる――リピーターになってしまう魅力へとつながっているのだ。

事件の進行とともに過去の出来事の回想がはさみこまれ、しかも登場人物の口から因縁が語られるだけならば、映画の予算もずいぶんと節約できる。ルークとオビ＝ワンの話に出てくる「クローン戦争」をセットや特殊撮影で再現するのは大変だが、台詞なら言及するだけですんでしまう。ホメロスの二つの詩のように、船が転覆する場面（『オデュッセイア』）や戦場での戦いの渦中（『イーリアス』）から始めることで、読者や観客の心をわしづかみにするアクションが提示できる。いきなり王女レイアの乗った外交使節船が攻撃されることで、ルーカスは定番をなぞっていた。そのおかげで、手間とお金のかかる派手な場面、たとえばデス・スターの破壊に集中できるのだ。

冒険物には、主人公や物語にとって必要な人物を集める「リクルート」の役割を持つ冒頭部があり、偶然的な出会いを通じて主要キャラクターが集結していく。こうした紹介を印象的なエピソードとともに手早く終える必要があるが、その点でも『スター・ウォーズ』はなかなか見事にこなしていた。ダース・ベイダーという悪役は冒頭から登場するし、外交特権を持っている元老院議員の王女レイアを脅すことで、帝国対反乱軍の対立軸が観客にはっきりと見えてくる。

そして、R2-D2が王女レイアから託されたメッセージをオビ＝ワン・ケノービに伝える使命をまっとうする。ルークはオビ＝ワンから反乱軍への参加をうながされる。ジェダイ（日本語の「時代」に由来するとされる）の騎士が力を持っていた時代の話を聞き、死んだ父親のライトセーバーを託される。このときはまだ反乱軍への参加を拒絶したルークだったが、帝国軍に伯父夫婦を殺されたせいで決意が固まり、オビ＝ワンたちといっしょにモス・アイズリー空港へと出かける。その酒場で、ミレニアム・ファルコン号の船長であるハン・ソロと手下のチューバッカと出会う。ここまでで物語に必要な主要人物が出揃った。

この酒場にやって来るまでに、映画では四十五分以上が経過している。『新たなる希望』というエピソード全体の三分の一にあたる長さだが、ルーク三部作として考えると全体の一割程度となる。冒頭で作品が抱える葛藤を紹介し、主要な登場人物を揃えろ、というルールは、ハリウッド流の映画シナリオの教科書が繰り返し伝えることだが、その作法にもかなっている。主要人物として足りないのは、善の主軸となるジェダイの騎士の生き残りのヨーダと、すべての黒幕である悪の主軸となる銀河皇帝だけだが、『帝国の逆襲』そして『ジェダイの帰還』と三部作のなかで段階を追って姿を表すことで、ルーク三部作の道筋は安定するのだ。

【ルークの遍歴が始まる】

『新たなる希望』では、これまでルークにとって平凡な日常の風景でしかなかった空が、落ちてきたドロイドたちによって意味合いが変わってしまう。映画が退屈な農場の生活描写から出発しなかったせいで、観客の視点は狭くならずに済んだ。他方で進行するのが、王女レイアが移動要塞デス・スター内にとらえられて、反乱軍の秘密基地のありかを訊問される話である。ダース・ベイダーが属する帝国が、ナチスドイツに似せた一種の恐怖政治による世界で、ベイダーも操る「フォース」が、どうやら暗殺にも使える精神力だと観客にもわかる。そして銀河皇帝が元老院を解散したせいで、王女レイアは元老院議員や外交使節としての特権を失った。そのため「反乱軍の同盟者」として堂々と捕虜にできたのである。司令官のターキンは、反乱軍の秘密基地の場所を王女レイアから聞き出すときに、惑星オルデラーンをデス・スターの破壊兵器で粉々にしてしまう(★1)。

他方でルークたちは、タトゥイーンからの脱出に成功し、帝国軍の追撃を振り払って、超空間へと逃げ、通常空間へともどった。そこで目的地の惑星オルデラーンが粉々になったのと遭遇し、要塞であるデス・スターへと引き寄せられる。そこに囚われていた王女レイアを救出することになる。敵の中心地でもあるデス・スターの収容所で、ようやくルークと王女レイアの二つのストーリーは交差しひとつに絡むことになる。ここまでで、ルークと王女レイアは自分たちを育ててくれた家族をなくすという同じ立場に置かれたのだ。ルークは伯父夫婦を帝国軍に殺害され、王女レイアはオーガナ家の養父母を惑星オルデラーンとともに喪失してしまった。

アナキン三部作で過去の因縁を知ってから観直すと、ダース・ベイダーことアナキンが、自分の生まれ故郷である惑星タトゥイーンに近づいたときに、何の感情も動かさないのが少々不思議には思える。「長い間忘れていた何かを感じる」と過去を暗示させる台詞は出てくるが、これはオビ＝ワンがやってきてフォースの乱れを感じたときのものだ。しかも直接手を下したわけではないにしても、オーウェン夫婦は義兄夫婦であり、その焼失殺害は一種の親族殺人でもある。こうした因果関係は、前史としてのアナキン三部作が完成してから初めてわかったわけで、もちろんルーク三部作だけを観ているときに観客が疑問に思うことはない。

タトゥイーンの外に出たルークは反乱軍に加わって遍歴の旅をたどっていく。中世において騎士が見習いから一人前になったり、渡り職人が親方となるのに旅の経験が必要だったように、銀河系を放浪することで、ハン・ソロが言うところの「一人前の男」になっていくのだ。同い年の王女レイアに比べてルークがどこか幼いのは、政治的な駆け引きの場にいる元老院議員との経験の違いでもあるし、自分の住む農場を中心にしか世界を見ることができない限界を抱えていたせいである。

こうした英雄としてのキャラクター造形や物語の展開を形作るときにルーカスは神話構造を利用したとされる。ルーカスはモデストの高校を出て、地元の短大（コミュニティ・カレッジ）に通うが、その時代に文化人類学や社会学を学んだ。その後南カリフォルニア大学の映画学科への入学が認められたのだ。短大時代に知った神話学者のジョーゼフ・キャンベルの『千の顔をもつ英雄』などを参照し、さらに映画製作時に本人にも助言を求めたことはよく知られている。

キャンベルは世界の神話や伝説に通底すると考える「単一神話（モノミス）」と呼ぶ図式を示したが、それに基づいてルークの行動がひとつのパターンにはめられる。(★2) ルーク三部作の完成後にキャンベルはビル・モイヤーズとの対談をスカイウォーカー・ランチでおこなって、『神話の力』として出版した。キャンベルの図式を当てはめると、英雄が生まれて、故郷から離れて、通過儀礼を経て、帰還するまでのサイクルに映画が対応している。もっとも、ルーク三部作の最後でルークは生まれ故郷のタトゥイーンに戻るわけではないのだが、ジェダイの騎士として新しい銀河共和国に帰還するのである。

だが、最初からこうした図式を念頭に置いてルーカスが物語を作りあげたのかに関しては、ルーカスフィルムに保管されているメモや草稿の分析、さらに当時の友人たちからの証言などから、疑問視されるようになってきた（ブズロー『注釈版シナリオ』）。ルーカスが自分の方向性を見定めるための後付け理論にすぎなかった、という意見が主流になりつつある。試行錯誤の段階では、主人公が六十歳のルークとか十六歳の少女という設定もあったのだから、単純な英雄像を想定してはいない。それにアナキン三部作については、別な英雄物語のパターンを考える必要が出てくるわけだが、キャンベルは一九八七年に死去してしまうので、アナキン三部作の製作には関与していない。

物語のなかの役割を観客が理解しやすい人物が配置されているのは、ハリウッド映画が鍛え上げてきたルールに基づく。ルークはとりあえず王女レイアという美女に誘われ、しかも亡き父親のようで、戦いに誘うオビ＝ワンによって冒険の旅へと出る。彼らに敵対するのがダース・ベイダーなのだが、実はルークの本物の父親なので、ルーカスは精神的な父親役が必要だとして、オビ＝ワン（ベン）・ケノービを生み出した。オビ＝ワンとダース・ベイダーと善と悪に分割することで、ルークに影響を与える両面をそれぞれが代表している。重要なのは、最初からきちんとした図式があったのではなくて、物足りないとか、物語の展開に必要だからという理由で、人物や背景説明が追加されていったことだ。

全体として兄貴分となるハン・ソロは、「ソロ」という単独性をしめす名前を持ち、ルークたちから離れるように見えながら、最終的には援助してくれる。彼を脅かすジャバ・ザ・ハットは、タトゥイーンなどを根城にするローカルな悪党であり、ダース・ベイダーや銀河皇帝ほどの力を持つわけではない。テレビゲームのように、ラスト・ボスという究極の敵へと絞られていくことが、全体の展開のスケールアップとなっていく（その背景にはじつは特撮技術の向上という側面も大きく働いている）。そして最初のデス・スターがダース・ベイダーを隠していたとすれば、第二のデス・スターは銀河皇帝を隠していた。

この映画を文化人類学的な「イニシエーション」で説明しやすいのも、ルークが悩んだように大学への進学（「帝国アカデミー」）か、戦争へ参加する（「反乱軍」）以外に、故郷から出ていく可能性が見えない若者が、アメリカの田舎町にたくさんいるせいだ。サーガを支えているのは、ルーカスが体験した現実である。ルーカスはロサンゼルスにある南カリフォルニア大学への進学によってモデストの外へと出た。「慎み深い」という意味を持つ町の田舎の少年から脱出できたわけだ。もう一方の戦争の方は、ルーカスの持病の糖尿病のせいで徴兵検査で撥ねられたために、参加できなかった。この体験は、奥底に秘めた戦争への感情を複雑にしたと考えるべきだろう。反乱軍に参加したいルークのもやもやとした感情の源がそこにある。日本でも進学や就職以外に地元を離れる契機がない田舎町がたくさんある。戦争への動員がその後の運命を変えたというのも、明治以来多くの人が経験してきた。

しかもルーク・スカイウォーカーの冒険と成長の物語として理解するとき、誰にでも訪れる可能性がある大人になることと、帝国を倒して共和国の再建へと向かう全体の歴史の流れとが結びついているからこそ「英雄」となりえる。こうした背景がなければ、ルークは、たとえ父親のアナキン譲りの強いフォースを持っていたとしても、いつまでもタトゥイーンにとどまって、農民として一生を終えたはずである。このように英雄が田舎や僻地から出現するというのも、また英雄物語のひとつのパターンとなる。

3　ルークの試練と遍歴

【ルークが鍛えられていく】

　タトゥイーンからの脱出には、伯父と伯母の死という犠牲が必要だった。その喪失に耐え、父親のアナキンゆずりの資質が、ルークの持つフォースの力として開花していく。デス・スターを内部から爆破させるために、爆弾を排熱口のパイプへと落とすときに、それは威力を発揮した。ルークの強いフォースは、戦闘機で背後から彼を襲おうとしたダース・ベイダーをもたじろがせて攻撃の手を一瞬鈍らせたほどだ。だが未熟なルークに狙いをつけるのはフォースの力が抜きんでているベイダーにとって難しくはない。その窮地を救ったのが、ハン・ソロによる思いがけない援助攻撃だった。そしてデス・スターをターキン大総督とともに葬ることで、ルークたちは王女レイアの故郷オルデラーン破壊のかたき討ちをしたことになる。

　けれども、ルークの遍歴の旅は『新たなる希望』で終わらない。ダース・ベイダーも生き残っているし、ルーク本人が感情をコントロールできずに未熟なままだからである。続く『帝国の逆襲』は、ルークを鍛え上げることに焦点があたる。デス・スターを破壊されたことによって一歩退いた帝国軍が、あちこちに探索用のドローンを送りこみ、手当たりしだいに反乱軍の基地を襲うところから始まる。惑星ホスの氷原は「反乱軍にとって暗黒の時代」という映画冒頭の説明にふさわしい荒涼とした風景である。

帝国軍が放った偵察用ドローンによって、基地を発見されて攻撃を受ける。無事に脱出したルークは、亡霊となって現れたオビ＝ワンのお告げに従い、ヨーダの住む惑星ダゴバへと向かう。そこでは師となるヨーダが待っていて、ルークに修行を与えることになる。老師と若い弟子という、東洋思想的な表現が採られているのだ。このあたりが、「フォース」と中国の「気」とのつながりを連想させる。石川権太は、右手が義手の麻薬密売人である極悪ハンが出てくる『燃えよドラゴン』（一九七三）などのブルース・リー映画の影響があったのではないかと推測してみせる（『ブルース・リー・ザ・ジェダイ』）。

ルークはヨーダが近づいてきて、食べ物を盗み食いしたり、ペンシルライトを奪ったりするので、現地の人間かと錯覚する。もっともなぜか言葉は通じるので、その点についてルークは疑っていない。そして「ヨーダを知っている」という言葉に従いヨーダ本人の家へと向かう。気持ちがあせっているルークに対するヨーダの評価は低い。目の前のものを誤認し、心には怒りが満ちているし、年齢も上なので訓練を始めるには遅すぎるとして、ジェダイの騎士になる「準備ができていない」と結論づける。そのたびにオビ＝ワンの声が響いて説得をし、最終的に八百年間教えてきたヨーダのもとで、ルークは最後の弟子として訓練を受けることになるのだ。

ルークが体験する数多くの試練のなかで、洞窟に入って自分の心と対決する場面がいちばん印象的である。湿った世界のさらに奥底の部分に向かうのだ。そこで対決するのはダース・ベイダーの影なのだが、戦って切り落とした頭がルーク自身であることがしめされる。周囲の「フォース」を感じるには、自己の感情を制御する必要があるとヨーダから諭される。

だが、惑星ダゴバでのヨーダによる訓練も途中で終わってしまう。ルークが未来のヴィジョンをのぞき込んだときに、王女レイアたちの過酷な運命が見えてしまうのだ。「未来は流動的だ」とヨーダは言うが、これ以上訓練をしていられないと、ルークはダゴバ星系を離れる。この中途半端な状態がある意味で不可欠だった。つまり、ヨーダの気に入ったように仕上がったわけではないルークに世界の運命を委ねるということが、この後の大きな懸念となっていくと同時に、学校ではなくて現場での実践でこそ鍛えられるという物語の要請にもかなうのだ。

しかも王女レイアが、ルークの双子の妹レイアとして（もちろん姉の可能性もあったのだが、『シスの復讐』の出産場面で確定した）、テレパシーによって通じることなどから、物語にとってもジェダイの騎士たちにとっても「第二の可能性」として重要な役目を担うようになる。ヨーダは感情のままに走る性急なルークを見守りながらも、万が一ベイダーの手によって暗黒面へと引き込まれたならば、世界の行方をレイアに委ねようと考えている。そして同じ可能性をベイダーも後に気づくことになる。

【父と子の対決】

『帝国の逆襲』でルークの身体はさまざまに傷つけられる。惑星ホスの氷原のなかで凍傷となったルークが、巨大な水槽に入って体の傷をいやす場面がある。また、惑星ダゴバで、ヨーダの与える試練によって、逆立ちをして倒れたり、走りまわったりする。フォースの力を強めることは身体の鍛錬とも結びついている。その意味で「武術」なのだ。そしてサーガ全体を通じていちばん重要となる場面が映画の最後に出てくる。そこで、ルークは自分の身体の一部を喪失するのと引き換えに、長年の秘密を知ることになるのだ。

ダース・ベイダーは、賞金稼ぎのボバ・フェットからの情報で、ランドが支配するクラウド・シティへと先回りをして、ルークたちを待ち構えていた。しかもランドの裏切りにより、ハン・ソロが炭素冷凍で黒いモノリスのように固定されてしまったことで、ルークには援助者がいなくなった。ルークは不十分な能力と不安定な気持ちのままで、ベイダーとライトセーバーで対決することになる。赤い色のベイダーと、青い色のルークのライトセーバーが火花を散らす。ルークを追い詰めると、ベイダーはライトセーバーとともにルークの右手を切り落としてしまう。ルークが持っていたライトセーバーは父親の形見としてオビ＝ワンからタトゥイーンで手渡されたものであり、ここで喪失したことにはルークの自立を促すという重大な意味がある。

しかもベイダーは、痛みに耐えかねているルークに、暗黒面の魅力を語り、自分の側につけと誘う。そして「オビ＝ワンはお前の父親に何が起きたのかを教えなかっただろう」と尋ねると、ルークは「十分に聞いたよ。あんたが父さんを殺したんだ」と返答する。それに対して「私がお前の父だ」とベイダーは告白する。さらに皇帝を倒して銀河を自分たちの物にしようと誘うのだ。ルークの顔が醜く歪み、すべてを拒否するような大きな声で「ノー」と言うのが印象的である。その喪失の痛みを視覚的に物語るように、ルークの隣にあった円筒のパイプも一緒に斬られて切断面をむき出しにしていた。

ルークは右手を失った身体の痛みに襲われ、父親の遺品であるライトセーバーを失くし、さらにはそれまで作り上げてきた父親像が徹底的に破壊された。ルークが伯父夫婦から聞かされていた父親像は、「スパイスの貨物船の航海士」というものだった。だがオビ＝ワンは伯父の話は嘘だと指摘して、クローン戦争にジェダイの騎士として参加して死んだ父親の話をする。しかも父親を殺したのは味方を裏切ったジェダイの騎士のダース・ベイダーだったと告げるのだ。反乱軍に参加したいと考えるルークにとって、自分の出自が解明されたとともに、英雄的な父親を持ったことは戦争に参加する大義名分となった。

伯父の苗字はあくまでもラーズであって、スカイウォーカーの血筋ではないのが、伯父との対立の根底にある。ルークの父親とオーウェンが異母兄弟だとしめされるのはアナキン三部作の『クローンの攻撃』においてだった。「ウィーキーペディア」などによるとオーウェンは52ＢＢＹに生まれ、アナキンは41ＢＢＹに生まれたとされる。このＢＢＹ（「ヤヴィンの戦い以前」）はデス・スターを破壊した年を0年とする独自の年号表記である。どうやら十歳ほどの開きがあるのだ。「はじめに」で述べたようにルークの父の弟をしめす「叔父」ではなく兄をしめす「伯父」という表記が妥当だろう。『新たなる希望』とはタトゥイーンからの脱出を考えていたルークにとっての新しい希望の意味でもあり、同時に帝国に支配されてしまった共和国にとってルークが希望となるという二重写しになっている。そのときの理想像がクローン戦争で戦って死んだ父親という姿だった。

ところが、父親とダース・ベイダーが一致してしまったせいで、ベイダーこそが父親の敵であり、目の前でオビ＝ワンを殺した憎い相手だ、というこれまでのルークの見方が消し飛んでしまう。ルークの正義の戦いが、父親本人を倒す「父殺し」の話になってしまう。この重苦しい事実を前にして、この段階では答えを出すことを拒絶したルークは、手をのばしてくる父親を拒否して、自分の意志で落下する。そしてクラウド・シティの底にぶら下がり、王女レイアにテレパシーで呼びかけてミレニアム・ファルコン号で救出される。映画の最後には、失った手の代わりに機械の義手を持つルークが登場する。これによって彼は機械の身体を持つ父親と同じ立場となるし、『ジェダイの帰還』ではお返しのように、ライトセーバーで父親の右手を切り落とすのである。

そして、王女レイアをめぐる疑似的な三角関係が解体する。ソロとレイアの恋愛関係は高まっていくのだが、アーヴィン・カーシュナーの演出が仰々しい表現を採用しなかったせいで、ルークの物語へと純化していったのだ。三角関係の解体によって、オビ＝ワンやダース・ベイダーたちとおなじ「孤独な男」の系譜へとルークを押しやる。スペースオペラが西部劇から学び取った表現があるとすれば、そのひとつが主人公の「ロンサム」という感覚だろう。この後のルークは、ジェダイの騎士として、修道士のように（あるいは銀河皇帝のように）ベールをかぶり、世間から一歩退いた存在に見えるのである。ハン・ソロやランドが将軍となって前線で活躍するのとは一線を画すのである。

【『帝国の逆襲』の評価】

『スター・ウォーズ』とだけ題された一作目に対して、後続作品からはエピソードのサブタイトルが重視された。『スター・ウォーズ　帝国の逆襲』が公開時の正式タイトルである。第一作が『エピソード4　新たなる希望』と呼ばれるようになったのは、『帝国の逆襲』の製作途中でルーカスが決めて以降だった。そして『帝国の逆襲』がエピソード5として日本で認識されたのは、公開直前の一九七九年末ごろからだった、と河原一久は指摘する(『スター・ウォーズ完全基礎講座』)。エピソードの時系列での位置づけが明確となったのだ。ルーカス自身は全九部の構成として、初期段階ではクローン戦争を中心に考えていたが、結局のところは三部ずつにわけて、ルーク三部作はクローン戦争後の話となり、全体の中間を担うことになった(リンツラー『「帝国の逆襲」メイキング』)。

予算は前作よりも大幅に増えたのに、映画の興行収入自体は二割以上落ち込んでしまった。一本の映画を何度も観るリピーターが減ったのと、続編が出るまでに三年と間隔が空きすぎたせいである。しかも『帝国の逆襲』でも、多くの謎は解決せずに次作へと持ち越された。一作ごとに伏線が回収されて、納得できる結末を持ちながら続くシリーズなのではなく、全体でひとつの作品なのだとようやく観客に理解された。

ルーカスがお手本にした連続活劇映画は短期間に次々と公開されたし、テレビが毎週続きを放送する連続番組ともペースが全く異なっている。そのために、第一作と比べて興行上の数字が悪いことや、中継ぎの作品という位置づけのせいで、「続編は一作目を超えられない」とするジンクスを裏づけた作品とみなされたのだ。ところが、ルーク三部作でこの『帝国の逆襲』を最高だと考えるファンは多いし、私も同じ意見を持っている。完結編である『ジェダイの帰還』に話を進める前に、この第二作をなぜ評価するのかについて触れておこう。

監督のアーヴィン・カーシュナーは、ルーク三部作での『帝国の逆襲』の役目は「音楽で言えば中間部にあたる」とメイキングビデオの『夢の帝国』で語っていた。カーシュナーはクラシック音楽の「A―B―A」というソナタ形式のように三部作を考えていたようだ。再現部へとつつがなく話の流れを作るのが役目だったとすれば、『ジェダイの帰還』で第二デス・スターを破壊するのも、最初の主題の再現であり反復なのだから、当然の選択といえるだろう。ルーカスは会社の経営者としても仕事をし、シナリオを書き、撮影作業の管理をするというハードな状況で、実際の撮影の責任者としての監督を別人に任せた。ルーカスより二十歳年上のカーシュナーは、南カリフォルニア大学の先輩というだけでなく、ルーカスを教えた教師でもあった。カーシュナーはそれまでのハリウッド流から逸脱できるタイプの監督だったので、ルーカスはその手腕を頼りにして起用したのである。

もちろん、カーシュナーによる物語世界の解釈や画面作りは、ルーカスとはずいぶん異なっている。いちばんの相違点は画面の構成である。ハリウッド流に巨大なセットを隅々まで見せるのではなく、セットを背景にした人物の顔をアップにすることで人間関係を描くことに注意を払った、とカーシュナーは述べている(『注釈版シナリオ』)。確かにそのせいで、人物が風景に溶け込む場面の多かった第一作とは別のトーンが映画全体を覆っていた。

おかげで『帝国の逆襲』では、ヨーダがルークに失望した顔、ルークが秘密を知って歪んだ顔、ハン・ソロの炭素冷凍に凍りついた顔、レイアがソロやルークの表情をうかがう顔——さまざま顔がアップとなった。ルーカスの画面構成とは明らかに異なり、カーシュナーは人間の顔が持つ陰影を描いていた。前作に比べて予算もついたので、セットも大仕掛けとなり、スノーウォーカーや宇宙船のミニチュア撮影や、屋外の爆発場面などの特殊効果が派手になった。そのために、ややもすると映像技術を誇るだけの映画になりがちなのを、カーシュナーが人間ドラマを担当する監督として、見事にバランスをとったのだ。

とりわけ人形(マペット)によるヨーダは、ドロイドたちやダース・ベイダーのような金属の反射光に満ちたキャラクターとは与える印象が異なるし、『新たなる希望』のモス・アイズリー空港で登場した異星人たちともずいぶん違う。たとえば、ハン・ソロを暗殺しに来たグリードは、爬虫類のような緑色のマスクを被った俳優が演じたが、表情の変化まではわからなかった。それに対してヨーダは、マペット作者のジム・ヘンソンの手を借りて、悩んだり疑ったり怒ったりと、いくつもの表情を変化豊かに表現していて見事である。

人形を操作するために惑星ダゴバのセットは一段高く組まれて、ヨーダは下からの操作で動いていた。この手動のヨーダは『ファントム・メナス』まで使われたが、その後ブルーレイ版でCGI(コンピューター生成画像)に変えられた。アナキン三部作ではヨーダは飛んだり跳ねたりするので、人形での演技は難しかった。だが、ルーク三部作では、アナログ的な動きをするヨーダが、人間のルークと対等に渡り合うどころか、師匠としての魅力を放っているのだ。

画面のアップに耐える細部の表現を持つ人形を採用したせいで、カーシュナーが別の場面で使っている他の人物の顔のアップと映像的に釣り合いがとれたのである。とりわけ、水没したXウィング機をフォースの力で持ち上げるのを断念したルークに、ため息をついたヨーダが、ある意味で得意げにXウィング機を持ち上げたときに見せた表情は、『帝国の逆襲』での最高のカットのひとつと言える。

『帝国の逆襲』は、第一作目のデス・スターの破壊へとまっしぐらに向かう話の流れとは異なり、デス・スター攻撃で結束した王女レイア、農民の子ルーク、密輸業者ハン・ソロのつながりが帝国軍によって解体させられる話である。秘密要塞を破壊された以上、帝国が反乱軍を血眼になって探すのは当然だが、その力が隅々にまで入りこんでくる。銀河皇帝の独裁のもとで元老院は解散され、共和国の理念が空白になってしまった後の世界の重苦しさを視覚的にも表現していた。そのために前作の流れやイメージが転倒して使われることになる。

冒頭の氷の惑星ホスでの戦闘は通常の映画ならクライマックスとなる場面で、スノーウォーカーなどが登場して、いちばん派手な戦いがおこなわれる。だが、ここでの反乱軍は帝国軍に敗北し撤退をするのだ。帝国軍に押しやられて、反乱軍の勢いは下降線をたどっていく。敗走したルークが向かったのは惑星ダゴバの湿地であり、そこでフォースを使う技を鍛える。ハン・ソロたちが逃げこんだクラウド・シティは空に浮かんでいて、ランドはガス田で稼いでいる。物質の三様態をたどるように一つの映画の中で「固体」→「液体」→「気体」と異なる状態の世界が描かれるのだが、それは反乱軍の勢力が「帝国の逆襲」によってバラバラとなって追い詰められていく過程と重なっている。

ハン・ソロとレイアの乗ったミレニアム・ファルコン号が、スター・デストロイヤーの追跡から逃れて隕石群へと故意に突入するのは、『新たなる希望』で、ワープから通常空間に戻ったところで、デス・スターによって破壊された惑星オルデラーンに出会った場面の再現である。だが状況に引きこまれるのではなく、突入するという能動性が描かれている。これは帝国の逆襲へのさらなる逆襲へと反転するために必要な措置でもあった。そして、バラバラになった塊や存在を集めてまとめていくのが、この銀河系に満ちている「フォース」という見えない力の役割となる。

そのときに『帝国の逆襲』というタイトルが生きてくる。英語の原題は「帝国が逆襲する」と一つの文になっている。サーガのサブタイトルとしては異色だが、前作でのデス・スター攻撃を受けて帝国が反撃する内容なので、それ自体は不思議ではない。けれども、主語になったことで「帝国」が大きな存在として浮かび上がり、反乱軍に覆いかぶさる勢力だとわかる。そして、今度は反乱軍が逆襲するのだ。そのときに主語が奪還される。状況を握る主導者としての反乱軍の姿が浮かび上がってくる。反撃の胎動が『帝国の逆襲』の中にあり、それはランドが電子頭脳を埋めこんだ部下に命じて帝国軍の裏をかくことで表現されている。このときには、ダース・ベイダーが察知できる「フォース」ではなくて、電波による通信が敵を欺く手段となるのだ。

新しい秩序が支配する共和国へと再生するためには、解体がまずあり、次にバラバラのものをつなぎとめる力をルークが獲得することが必要になる。映画の最後で、観客の期待に応えるように巨大な銀河系が渦をまいている。星々のように離れたものが、互いにつなぎ留められながらつながっている。それはルークとレイアの二人が力を合わせて回復すべき銀河共和国の姿そのものとなっていて忘れられない。

だが、そのために用意されたのが二つの喪失であった。一つはクラウド・シティでハン・ソロが捕まり、炭素冷凍によって苦悶する姿のまま黒い板になってしまったことである。その直前に、レイアが「愛しているわ」と言うのに、ハン・ソロは「わかっている」と応じたことで、別れを痛切なものとしている。ルーカスのシナリオでは「ぼくも愛している」だったのだが、納得しないカーシュナーは、ハン・ソロ役のハリソン・フォードに何度も言わせて、現在の台詞に決めたのである。この変更によって、二人の愛は凍りついてしまったまま余韻となって次へと続くことができた。ハン・ソロを炭素冷凍から溶かして、愛しているという言葉を聞くのが、『ジェダイの帰還』でのレイアの役目となる。

現場での解釈を優先するのがカーシュナーの監督術なので、そのおかげで、ハン・ソロとレイアが熱烈なキスを交わすことで愛情を示すといった陳腐な表現とならずに、心を抑えて進む大人の愛として描き出された(その反動として、ルーカスは、アナキン三部作の『クローンの攻撃』において、性愛を伴なったアナキンとパドメの愛情表現を描き出した)。しかも、炭素冷凍となった兄貴分のハン・ソロと離れたことで、ルークは単独でさらなる自己成長する機会を得るのだ。

もう一つの喪失は、ルークの右手がダース・ベイダーによって斬り落とされたことだ。しかもこの喪失は機械の手によって補完される。わざわざ手首が開いて中のメカニズムが見える場面が出てくる。それはルークが父親と同じように機械化される一歩でもあった。このことによって「暗黒面」への誘惑が高まったようにも思えるのだ。

父を名乗る「ダース・ベイダー」という名称が何に由来するのかはずっと謎だったが、執筆時のルーカスのメモが公開されて明確になった。そこには「ダーク・インベイダー、ダーク・ウォーター、デス・インベイダー、デス・ウォーター」と四つ書かれている。リンツラーは「ダーク」と「デス」の合成から「ダース」が、そして侵入者という意味の「インベイダー」の先頭が落ちて「ベイダー」となったと推測している(『「帝国の逆襲」メイキング』)。これは妥当な結論だろう。

だから、ルークの身体に機械の部分が入りこむことで、「ダーク」と「デス」から出来上がった父親の要素が「侵入」してくるのだ。ルークにとってそれが新しい試練となる。フォースを使いこなす技が高まり、ジェダイの騎士へと近づくほどに、名パイロットでライトセーバーの達人だった元ジェダイの騎士である父親との類似が際立ってくる。こうした振り払うことのできない運命を、ルークがどう打開するのかが続編の課題となる、と観客がはっきりと理解できたのである。

しかも仕掛けは映像だけではない。カーシュナーは意図的に「アメリカ英語」を話す側を善玉にして、悪玉は「イギリス英語」を話すように配役をした。唯一の例外がダース・ベイダーとなるのだが、「もとは善玉だったからね」と苦しい言い訳をしている（『注釈版シナリオ』）。この声の配分のせいで、アメリカの観客は、タイトルの「帝国」を無意識にイギリス帝国に重ね、さらに植民地からの独立の物語を想起することになる。ダース・ベイダーが「お前の父は私だ」と告げる声が、アメリカ合衆国という共和国の出自を告げる声となって響いてくる。まさにルークの心に届いたオビ＝ワンの場合のように、聴く者を心の奥底から揺さぶるのだ。

こうした演出術によって『帝国の逆襲』は一本調子の展開とならずにすんだ。第一作が映画作りの仲間たちとのディスカッションから生み出された作品だとすると、第二作は年上のベテランたちの力を借りたものだった。ストーリーを作る初期段階ではリイ・ブラケットの意見が入り、映画を撮影している過程ではアーヴィン・カーシュナーによる判断が優先された。こうしたおかげで、人間ドラマとミニチュアや人形やVFXの特撮部分とのバランスがとれた映画となった。『帝国の逆襲』は、ルーカスが潜在的に持っていた映画製作の可能性を、そうした先人たちがヨーダのように引き出した作品だったとも言える。映画として評価が高い理由はそこにあるのだ。

しかしながら、若きルーカスは、次の作品では自分の手にすべてを取り戻すことを考えた。ハン・ソロやヨーダがいなくても自分の行く末を考えるルークのようにだ。もともと大学時代から編集も含めて一人で映画を作ることを好むタイプであり、他人に自分の物語が蹂躙されるのは嫌だ、という思いが生じたのかもしれない。完結編の『ジェダイの帰還』の監督をしたリチャード・マーカンドはルーカスの七歳年上だったが、カーシュナーのように際立った変化を作品に与えはしなかった。事実上のお雇い監督として役目を果たしたのである。引き続きシナリオを担当したローレンス・カスダンは、ルーカスの草稿をまとめ上げる能力に長けていた。その後のルーカスは自分で映画産業という帝国に一人で立ち向かわなくてはならなくなったのだ。

【歪んだ歴史を正す】

ルーク三部作を通じて、ルークはジェダイの騎士の候補として、まずはオビ＝ワンのもとにつき、フォースを操る手ほどきをうける(『新たなる希望』)。修行はオビ＝ワンの死によって中断するが、今度はヨーダによって鍛えられる(『帝国の逆襲』)。さらにヨーダの死によって自立することが促され、独力で父親と対決することによって、自分が最後のジェダイの騎士となると自覚する(『ジェダイの帰還』)。この流れは銀河皇帝によって帝国へと大きく歪んでしまった「銀河共和国」の歴史を訂正することでもある。

ルーク三部作の最後の作品『ジェダイの帰還』のタイトルには二重の意味がこめられている。つまり、ルーク・スカイウォーカーがジェダイの騎士となることであり、同時に自己犠牲ともいえる戦いをしたオビ＝ワンや、八百歳で自然死したヨーダの後で空白となったジェダイの騎士がこの世にもどることである。それが新しい共和国の始まりとつながるのだ。

それとともに、もうひとりのジェダイの騎士が帰還する。ダース・ベイダーこと父親アナキン・スカイウォーカーである。彼を説得し銀河皇帝と対決するためにわざと投降したルークは、ベイダーとなった父親にも「良心が残っている」として、いっしょに逃げようと誘う。これは『帝国の逆襲』の最後で「父と子で銀河を支配しよう」と言ったベイダーによる誘惑の裏返しとなる。ルークの申し出を拒絶したベイダーは、皇帝の指示によって、ルークの暗黒面を引き出そうとする。ルークは『帝国の逆襲』で右手とともに失った父親譲りの青いライトセーバーの代わりに、自作の緑のライトセーバーでベイダーと剣戟をおこなう。この自作という点が重要であり、父親から自立したことが視覚的に表現されている。

闘いの最中にベイダーに双子の妹のレイアの存在が知らされたことで、ルークは彼女にまで手を伸ばそうとするベイダーに怒り、その腕を斬り落とす。これは切られた腕のお返しであり、「敵＝父親」を征伐することで、ルークは暗黒面との境をさまようと同時に、そこから抜け出せるのだ。勝利したルークを皇帝は暗黒面へと誘うが、ルークはきっぱりと断る。これが父親アナキンとの違いとなる。その結果、皇帝はルークに「邪悪な雷光」をぶつけて殺そうとする。皇帝に殺されかけている息子のルークの姿と「父さん」という声に改心したベイダーは、息子を助けるために皇帝をシャフトの底へと投げこんでしまうのだ。

ベイダーの表情はかぶっている黒い仮面のせいで読み取れない。だが印象的なのはその呼吸器の音である（これは『2001年宇宙の旅』での宇宙服の呼吸音へのオマージュだろう）。ルークに倒されて死を覚悟したベイダーは、二度目に「父さん」と呼ぶルークに「自分の目でお前を見たい」と願う。最後に黒いマスクが外されると、そこには普通の人間の顔がある。一度ベイダーが仮面をかぶる場面が出てきたのだが、その際には頭の後ろが見えているだけだった。鉄仮面といえばデュマの『三銃士』に登場するが、素性を知れないように囚人にかぶせるものだった。ベイダーの場合も、仮面からの解放はアナキンがこの世に戻ったことをしめすものだった。

ルーク三部作のなかで、暗黒面に落ちていたアナキンをダース・ベイダーという呪縛から救済することで、ルーク本人が変化するだけでなく、機械の助けを借りる「人工」の世界から「自然」の世界へと回帰するように見える。ルーク三部作を通じて考えると、タトゥイーンの緑のかけらもない砂漠と荒野の惑星から話が始まり、森と緑にあふれているエンドアの月で終わるのも当然だろう。『新たなる希望』のデス・スターへの攻撃と破壊は、『ジェダイの帰還』では第二デス・スターへの攻撃と破壊として反復される。そのときに帝国軍によって森の中に作られた地上施設が破壊されるのも、自然のなかの人工物を排除して、イウォークたちの原始的な世界を取り戻すためでもある。

ローラン・ブズローの『注釈版シナリオ』によると、ストーリーの検討段階や草稿段階では、さまざまな結末が考えられていた。現在私たちが目にしているのはその一つの選択でしかない。皇帝とベイダーが共に溶岩の海に落ちるとか、ルークが犠牲になってレイアが引き継ぐとか、いろいろな展開案があった。なかにはベイダーを倒したルークが父親の仮面をかぶって皇帝を安心させ、故郷の惑星で皇帝を滅ぼすという話まであった。最終的には反乱軍側の主だった者に犠牲がでない「大団円」というご都合主義の結末となった。それはルーカスが「英雄が最後で死ぬ話を子どもの頃に観て悲しかった」という理由からである。

第二デス・スターが外観は未完成に見えてじつは完成しているように、ルークは未完成に見えて、最後にベイダーを倒すことでジェダイの騎士としての完成にいたる。銀河皇帝の支配する帝国軍によって共和国全体が歪んでしまった歴史を、「フォース」を制御できるようになったルークが正すことになるのだ。そのときに「フォース」の意味が変わってくる。

公開当時の字幕では「理力」と訳されていた「フォース」は、ハン・ソロによって魔法や古臭いものとされた。かつて存在が仮定されていた「エーテル」のようにあらゆるところに遍在するのだが、その使い手になることで、力を発揮できる。三部作を通じたルークの試練そのものが、ダース・ベイダーのような元ジェダイの騎士たちの暴力によって歪んだ共和国の歴史を正すために必要だった。どのようにその歴史が歪み捻じれたのか——これを描くことこそが次のアナキン三部作の課題となる。だが、それを描く前にルーカスは過去の遺産ともいえるルーク三部作の訂正をおこなった。

4　サーガを連続させるために

【ルーク三部作の特別篇】

ジョージ・ルーカスは八三年の『ジェダイの帰還』でルーク三部作を終了したが、すぐにアナキン三部作へと向かったわけではない。九九年の『ファントム・メナス』から始まる新しい三部作に着手する前に、まずは過去の作品を最新技術でアップデートした。『新たなる希望』が公開された二十年後にあたる九七年に、ルーク三部作をデジタルリマスターし、さらにCGを使っていくつもの場面や効果を加え、「特別篇」として劇場公開したのである。

このおかげで、惑星オルデラーンや二つのデス・スターが爆発する場面は迫力を増し、宇宙船のエンジンの噴出孔には鮮やかな色がついた。ライトセーバーの光も、オビ＝ワンの青、ルークの父親譲りの青や自作の緑、ダース・ベイダーの赤がそれぞれ輝きを増した。あちこちで、帝国軍の兵士の数が増え、宇宙港にも異形な生物たちが賑うようになった。オリジナルの発表当時には、予算がなくて実現できなかった部分を、当初のルーカスのイメージに合わせて補っている。

けれども、こうした変更に対して、旧三部作の一部の熱狂的なファンは否定的だった。自分たちが最初に映画館で観た印象と、大きく異なるせいである。デジタル化によって画面は鮮明となったが、アナログなフィルムのどこかくすんで空気の厚みを感じさせる質感とはやはりどこか違う。実際の映画館では上映用に原版から複写を重ねるので、フィルム上の画面はどうしても不鮮明になってくる。日本の場合はなおさらで、日本向けのプリントをさらに上映用に複写していたのだから。ヒット作になると、複写フィルムが足りなくなって、日本向けプリントも上映に使うという噂があり、幻のフィルムを求めて映画館をはしごする者までいた。

さらにフィルムは人気作であるほど上映を通じて傷がつき劣化するのがふつうだった。ところが、デジタルでは数値に変換して保存するので、そうした経年変化が起きないしノイズもない。フィルムならば、ひとコマずつ自分たちが手に取って見ることのできるアナログの世界なのだが、一目では内容がわからないビデオによるデジタルの世界である。こうした新しい形式が登場したことへの違和感が、ファンの反発を招いたのだ。

なかでも議論を招いたのは、二ヵ所の変更だった。第一の変更は、ジャバ・ザ・ハットがすぐ登場するようになった点である。ルーク三部作でのジャバは、中に人が入り、複数の人間によって操作される大きな着ぐるみ人形だった。ところが、『新たなる希望』の撮影素材のなかに、ハン・ソロとジャバ役の俳優が対話する音声と映像が残っていたので、CGでジャバが再現されて本編へと挿入された。モス・アイズリー港からミレニアム・ファルコン号が飛び立つ前に、ソロとジャバとが出会う場面が加えられた。『ジュラシック・パーク』(一九九三)などで、動き回る恐竜などをCGを使って創造してきたルーカスフィルムの技術力が発揮されている。「特別篇」のこの場面では、目玉が大きなジャバが出てきて、しかもハン・ソロに胴体を踏まれるという小さな笑いもある。

オリジナル版では、観客は『新たなる希望』の段階でジャバの名前だけしか知らず、最後の『ジェダイの帰還』でようやく実物に出会うことになる。どれくらい凶悪な怪物なのかと期待していたら、正体は巨大なナメクジのハリボテだった、という肩すかしがウケたのだが、その楽しみは失せてしまった。しかもここで使われたCG技術では、細かな肌合いや表情をあまり出せなかったのでいささか平板な表現となっている。恐竜(『ジュラシック・パーク』)やおもちゃ(『トイ・ストーリー』)ならば平板な表情でも許せたかもしれないが、人間に近い生物となるとそれだけでは難しい。二年後の『ファントム・メナス』で、ポッドレースの審査員をつとめたジャバの皮膚は、もっと緻密な質感を備えているので、この間にも表現に進歩があったことがわかる。

もう一つの変更は、より巧妙なので気づかない人も多い。ハン・ソロがジャバと会う直前に、酒場でジャバの差し向けた殺し屋グリードに脅され、そのとき早撃ちで相手を殺してしまう。オリジナル版ではソロのほうが一瞬早く撃つのだが、それでは卑劣だというので、同時撃ちへと変更された（一度はグリードより遅れて撃つという変更さえあった）。レーザー銃の軌跡となる光の点のタイミングをCGで変えたのだが、動体視力の優れたファンたちはこの修整に大騒ぎをした。

ほんのわずかの違いなのだが、『ジェダイの帰還』の方針が変化したためにおこなわれた。この第三作は、引退も考えていたルーカスが、ルーカスランチを購入するための資金が欲しくて、ヒット作をねらったものである。そのためデス・スターをもう一度登場させ、『新たなる希望』の草稿にあってカットしたイウォークのサブプロットを使いまわし、お子様向けの内容にしたという批判があった（カミンスキー『スター・ウォーズ秘史』）。

「ソロが犠牲となって死ぬ」、といった英雄的な展開を捨て、王女レイアと結びつけるために道徳的に格上げする「修正」が必要となった。卑劣な「密輸業者の無法者」というソロのイメージを消そうとしたことに不満を述べるファンが少なくない。もっとも、似たような道徳的修整はスピルバーグ監督の『E．T．』（一九八二）でもおこなわれた。二〇〇二年の二十周年記念版では、警察の持つライフルが無線機へとCGで変更されている。ETを連れて逃げようとする少年たちの暴走を止めるという凶悪なイメージを和らげたわけだ。

こうしたルーカスがおこなった変更や、アナキン三部作でのCGの傾斜などを揶揄するパロディ作品やあからさまな批判がユーチューブなどに掲載された。「ルーカスはおれたちファンを裏切った」とする彼らの声を取材した『ピープルVSジョージ・ルーカス』（二〇一〇）というドキュメンタリー映画が作られたほどである。スター・ウォーズのファンの愛憎の深さを物語っているのだが、そうしたファン心理がもたらす愛憎は作者の思惑を超えている。作者本人よりも作品のほうが大きな力を持つようになった。それだけアメリカの神話あるいは古典としてサーガが定着した証拠と言えるのだ。

ファンの怒りをさらに買ったのは、この「特別篇」がディレクターズ・カットの最終版とされ、唯一公認のバージョンとなった点である。かつて映画館で観た「オリジナル」の作品は、九七年以前に発売された中古のビデオやレーザーディスクでしか視聴できない。どちらも旧式のメディアとなり、再生装置も手に入らないので、追体験したくてもDVD世代の新しいファンには事実上不可能である。

しかも『ジェダイの帰還』のエンディングの音楽も変わり、エンドアの月以外の情景も追加された。最後に一種の守護霊となってルークをヨーダ、オビ＝ワン、アナキンの三人が見守る場面も変更になった。さらにアナキンの姿かたちは、アナキン三部作の完成とともにDVD版で再度修整され、演じる俳優を挿げ替えてしまったのだ。ダース・ベイダーが黒いマスクを脱いで素顔のアナキンになったのを演じたのはバスチャン・ショウだが、彼の全身像を見ることはなくなった。もっとも、ダース・ベイダーの動きを担当するスーツ・アクターは別人だし、声を演じているのはジェイムズ・アール・ジョーンズとこれまた別人である。映画内のダース・ベイダーそのものが、複数の人間の関与によって生み出された合成キャラクターなのである。そうした事情からすると、俳優の映像の挿げ替えをルーカスがためらうはずもなかった。

【ルーク三部作の技術的な進展】

このような変更をほどこした「特別篇」によって、二十年前とは違うファン層を獲得したのも事実である。八〇年代以降急速に発達したＴＶゲームやパソコンや映画を通じて若い世代はデジタル映像の豊富な体験を持つようになった。映画会社の宣伝文句は「今までテレビの狭い画面だけで知っていた作品がワイドスクリーンで観ることができる」というものだった。若い世代に親の世代の作品へと飛びつかせるには、元の形のままでは難しかったのだ。

『新たなる希望』で、反乱軍が苦労して手に入れたデス・スターの立体の設計図がＣＧで浮かび上がる。王女レイアの立体ホログラフ同様に、当時はそれだけでも目新しかった。また、なんとか追及を逃れて、デス・スターに入りこんだときに、エネルギー源を探すために内部の構造がＲ２‐Ｄ２によってディスプレイ上に呼び出される。設計用プログラムのＣＡＤなどがおなじみになるにつれて、こうした図像を作成することは一般の人でもできてしまえる。画面のデジタル合成だって簡単なものならパソコン上で実行できるように変化した。ウィンドウズ95が登場して、急速にデジタル化が進み、珍しいことではなくなった。

セットや大道具を作る経費を節約するために、背景にマット画が使われていたが、デジタル化すると画面が奥行きをもたないことが明瞭となる。デス・スターの牽引ビームによってミレニアム・ファルコン号が引き寄せられる場面の背景や、ヤヴィン4にある反乱軍の基地で、戦闘機が発進準備をするそばにあるミレニアム・ファルコン号などは、どれも精緻なマット画が描かれて、宇宙船の模型や実写の人物と合成された。映画館の暗闇で観ると目立たないのだが、ビデオを画面の小さなテレビで観ると奥行きのなさが感じ取れ、芝居の書き割りのように見えてしまう。ときには宇宙船を合成した痕跡が映像でもわかってしまったのだ。そうした点をデジタル修整するのも、ルーカスには必要に感じられた。

ルーク三部作の間にも映像の質は飛躍的に変化していた。たとえば、一九七七年の『新たなる希望』でXウィング戦闘機がデス・スターの溝に飛びこみ排熱口に爆弾を投下する場面などの撮影では、コンピューター制御のキャメラを使った。いくつ画面を重ねても、同じタイミングの動きで映っているのでブレがなかった。そして、製作のときに戦闘場面のお手本としてルーカスが指示したのが、五〇年代の戦記物映画の『ブルー・マックス』(一九六六)や『633爆撃隊』(一九六四)や『トラ! トラ! トラ!』(一九七〇)などでの空中戦だった。さらに『トコリの橋』(一九五四)や『暁の出撃』(一九五五)も参照された。こうした映画では肉眼で目視して倒せるスピードで戦闘機が飛んでいたので、そのままのタイミングで宇宙での戦闘が再現された。

なかでも『633爆撃隊』のラストシーンは、デス・スター攻撃の原型といえる。イギリスのモスキート爆撃機が、ノルマンディー上陸作戦を支援するために、ノルウェーのフィヨルドの奥にあるドイツ軍の燃料基地を攻撃する話である。フィヨルドが溝のような地形となっていて、その間を進む爆撃機に両側から攻撃が加えられる。爆撃する目標は、崖を切り抜いた基地の上にある巨大な岩で、その下部が攻撃目標だった。ただし、『新たなる希望』とは異なり、標的に当てるための訓練が何度も繰り返されるのだが。被弾して墜落する爆撃機のタイミングやカットが借用されたのがよくわかる。ただしリーダー機を含めて全員生還がかなわない悲劇的な結末なのだが、ルーカスは、ルークたちが帰ってくるように変更している。

同じようにインスピレーションを与えた映画に『暁の出撃』がある。ドイツのルール工業地帯を支えるダムを破壊するために特別な爆弾を開発し、それを低空飛行で投下する爆撃隊の話である。最後のダムの決壊が与える大きなカタルシスがデス・スターの崩壊と共通する。ひょっとして、タトゥイーンの二つの太陽のイメージはこの映画からもらったのかもしれない。というのも、夜空で飛行高度を測定するために、水面を照らす二つのライトを使い、それがひとつに重なると正しい高さが判明するという場面が出てくるのだ。

このように第一作での戦闘場面のヒントとなったのは、第二次世界大戦の戦記物映画だった。ところが六年後の第三作の『ジェダイの帰還』での第二デス・スターの攻撃では、登場する宇宙船の数もずっと増える。しかも、戦闘機のスピードも目まぐるしい速さとなり、上下左右に立体的な動きをみせるようになった。編隊どうしの混乱した空中戦を再現している。こうした視覚への刺激をうけた後では、『新たなる希望』での宇宙船の速度はかなり遅く感じられる。ジェット機に乗った後で、プロペラ(レシプロ)機が遅くて満足できないようなものだ。つまり、ミレニアム・ファルコン号が複雑に入り組んだ内部の管を猛スピードで潜り抜けるという第二デス・スターの攻撃は、一回目の緩慢な速度での攻撃のリメイクだったともいえるのだ。ルーカスはせっかちであり、速度への偏愛がある。たとえばそれは、デス・スターの恐ろしい速さで上下する自動ドアに表れている。

当初は戦闘機なども糸で吊って動かす模型を使っていたせいで、編隊を作り攻撃する場面では編隊の配列が美的ではあっても、動きがどこかリアリティを欠いていた。模型や怪物をひとコマずつ動かして撮影するストップモーションでは、すべての動きが鮮明過ぎて、微妙な加速度やブレが表現されずに動きがぎこちなくなってしまう。たとえば、惑星ホスで帝国軍の兵器であるスノー・ウォーカーのようにどこかなめらかさを欠くのだ。あまりにきれいすぎる船体や建物がリアリティを欠いてしまうので汚すように、予期せぬ振動をもたないきれいな動きが嘘っぽく見えてしまう。どこかでドキュメンタリー映画を理想とするルーカスはその点を追及していった。そこで流れるように撮影するための技術が開発され「ゴー・モーション」と名づけられた(『ジョージ・ルーカスのSFX工房』)。だが八〇年代後半にはCGが全面的に取って代わった。

こうした視覚体験を経ると、旧来の映像表現ではどこか不満が残ってしまうのだ。サイレント映画を今観ると動きがぎくしゃく感じられてしまう。とりわけ手回し撮影だとフィルムの回転数が均一に揃わず、機械的に再生するとどうしても動きが不揃いになる。それと同じように、古いメディアによる表現や動作はぎくしゃくして、なぜかコミカルに思えてしまうのだ。そのためにもデジタル技術で修整しアップデートする必要が出てくる。

デジタルリマスター化した理由も、ネガ・フィルムの劣化に備えてデジタルという変化しにくい形にするだけではない。ルーカスは映画に派生する商品での儲けで資金を確保し、自分の自由になる映画製作を保証するというビジネスモデルを確立していた。デジタル化によってビデオやDVDにしたり映像配信するときに加工しやすい形で残せるのだ。『新たなる希望』のときに、コミックスにしたり、さまざまなタイアップ商品が開発された。そうした幅広い文化商品からの収入も資金源となると考えたのだ(おもちゃ会社とのタイアップによって日本のアニメや特撮番組が作られ続けてきたこととつながる)。

ビデオの販売やレンタルが登場して以降、オリジナル公開版を監督が気に入るように配列し直したり、削除部分を復元するディレクターズ・カットの公開や発売が流行した。ルーカスの盟友であるスピルバーグ監督が『未知との遭遇』(一九七七)を「特別篇」として八〇年に、さらに一九九九年には「ファイナル・カット版」として公開した。リドリー・スコット監督の『ブレードランナー』に至っては、「試写版」を含めて五つのヴァージョンが存在する。テレビ放映やビデオ販売の際に新しい版が登場するのも珍しくはない。ファンは、ルーカス側にDVDの特典として最初の上映版をつけることを求めたりしたが無視されてしまった。ルーカスからすると、過去の劇場上映版は欠陥品であり、すでに自分なりに乗り越えた作品でしかなかった。未来に向かって訂正し続ける監督と、「オリジナル」にこだわるファンの間の溝が埋まることは難しいのだ。

(★1)ターキン大総督(グランド・モフ)を演じたピーター・カッシングは、ハマープロで、フランケンシュタインやドラキュラの映画に出ていた。盟友であるクリストファー・リーは、アナキン三部作でドゥークー伯爵を演じた。もっとも、さすがに高齢でライトセーバーによる剣技はスタントマンの動きに顔のCGをはめたものであるが。カッシングとリーの二人が揃って出ていたのが、ローレンス・オリビエが主演した映画『ハムレット』(一九四八)だった。またオビ=ワンを演じたアレック・ギネスは、三六年に、カッシングが映画で演じたのと同じオズリックの役を、ジョン・ギルグッドの『ハムレット』の舞台で演じている。イギリス出身の俳優とはいえ、三人を結びつけるのがシェイクスピアであるのが興味深い。しかも、ダース・ベイダーの声を演じたジェイムズ・アール・ジョーンズもトニー賞を受賞した演劇人で、シェイクスピアのオセロやリア王などを持ち役にしている。「スター・ウォーズ・シリーズ」は英米の舞台俳優たちによる声の争いの場でもあったのだ。

（★2）キャンベルとビル・モイヤーズの対談である『神話の力』に図式との対応関係が語られている。日本語で読める分析では、Ｄｕｋｅによる「神話とスター・ウォーズ」が細かい（『スター・ウォーズ　完全基礎講座』所収）。英語では、ユング学者でもあるスティーヴン・ギャリポウの『ルーク・スカイウォーカーの遍歴』が一冊丸ごとで対応関係を探っている。神話の定式や構造は共通点としてあくまでも事後的に発見されたものである。こうした共通点を「元型」となるテンプレートと考えることはできるが、物語を生み出すには、私的な動機や体験や知識、あるいはさまざまな政治や社会問題や経済状況といった社会的文化的な背景があることを忘れがちなのだ。サーガはあくまでもジョージ・ルーカスの個性や体験と深く結びついている。エリック・マズール編の『宗教と映画辞典』では、八〇年代までの西部劇作品に「善対悪」とか「楽園のなかの厄介事」という単一神話を見つけるが、それ以降は状況が変化したので保持されていない、とみなしている。

第2章　アナキン三部作と悪の起源

1　無垢から悪へ

【過去を求めて】

従来のファンの不安や不満そして期待が渦巻くなかで、十六年ぶりに製作を再開したルーカスが選んだ物語は、ルーク三部作の未来を描く続編ではなく、前日談や前史に焦点をあてたアナキン三部作だった。これは『ファントム・メナス』(「見えざる脅威」の意味である)、『クローンの攻撃』、『シスの復讐』と続く新しい三部作となった。

一九九九年の『ファントム・メナス』は、惑星ナブーを通商連合が封鎖するところから始まる。共和国議会(元老院)内が紛糾していたので、事態を打開する交渉のために議長の特使として密かに派遣されたのが、クワイ＝ガンとオビ＝ワンの二人のジェダイだった。新しい始まり方を模索してなのか、冒頭は二人を乗せた宇宙船が左から右へと移動するというどこか凡庸な始まりだった。垂直ではなくて水平方向に動きをとることで、アナキン三部作が「歴史絵巻物」的な動きを追及していくことが予告されている。三部作での構図は安定し、撮影監督もストーリーボードの描き手たちも新奇な冒険をしなくなった。

この冒頭部分のイメージは、サーガ全体を通じて毎回内容にあわせて変更されてきた。ルーク三部作の『新たなる希望』では、画面いっぱいにダース・ベイダーを乗せたスター・デストロイヤーがオルデラーンの外交船を襲う後姿が見える。『帝国の逆襲』では、画面の奥からスター・デストロイヤーが船首を見せて手前へ近づいてきて、前作とは進行方向も逆転しているし、上から見下ろすカットになっている。まさに帝国軍が転進してきたわけである。そして発射されたのが多数の探査ロボットで、そのひとつが氷の惑星ホスへと到達することで話はつながっていく。『ジェダイの帰還』では、輪郭線が崩れた建設途中の第二デス・スターと、その下に惑星ヤヴィン4が見えている。スター・デストロイヤーが『新たなる希望』のときのように後ろ姿を現すが、その船底から出てきたのは、建設の進行状況を視察に来たダース・ベイダーを乗せた連絡船だった。つまりルーク三部作はスター・デストロイヤーの白い三角翼をどの角度から撮影するかで、その後の物語を予告してきたわけだ。

それに対してアナキン三部作の『ファントム・メナス』では、議長が派遣したジェダイの騎士を乗せた使節船が水平移動する。『クローンの攻撃』では、惑星コルサントへと着陸するナブーの外交船が姿を見せるが、惑星は上の方にあり、地上から見ると裏返しになって移動している。このあと爆破されて、パドメの替え玉が亡くなるのだが、その逆転を視覚的に先取りしている。『シスの復讐』では、巨大な宇宙船を見下ろすショットで始まり、その傍らを二台の小型宇宙船が飛んでいく。乗っているのはオビ=ワンとアナキンで、ドゥークー伯爵に捕らわれたパルパティーン最高議長を救出するためだったが、二つの船が平行を保ちながら進む。CGのおかげで、どのような動きになってもキャメラはぴったりと追いつくことができる。二つの船の動きを、シンクロしていると理解するのか、交わらない二つの運命ととるのかで、結末に対する期待が変わってくる。

エピソード1となる『ファントム・メナス』では、惑星ナブーを封鎖し圧力をかける通商連合側の背後にシスの暗黒卿がいて、あくまでもナブー侵攻はその指示による。CGのドロイド兵士たちが活躍するが、C-3POやR2-D2が着ぐるみで、中に入っている人間の動きに左右されていたのに対して、CGによるコピーされた機械的な動きにとどまる。アナキン三部作には同じ顔をしたドロイドやクローンの兵士たちが多数登場する。色彩指定を簡単にするためなのか、どちらも白と黒を基調にした単純なデザインである。ルーク三部作がモス・アイズリー空港やミレニアム・ファルコン号に代表される汚れた感覚を帯びていたのとは対照的で、これらの兵士の白には汚れや濁りがない。

ナブーの首都やグンガンの水中都市のようすは規模が壮大だが、テレビゲームが再現するファンタジーの世界に近く、それほどの視覚的衝撃はなかった。DVD-ROMによる豊富なデータを活用するプレイステーション2が発売されたのが二〇〇〇年のことだった。RPGなどを中心に映画のような映像を家庭で観ることができるようになってきたのだ。同じ年にはデジタル衛星ハイビジョンの放送が始まった。視覚表現やその視聴に急速な変化が及んでいたのだ。そうした渦中にルーカスフィルムがいたし、編集技術の開発などで積極的に関わってもいた(マイケル・ルービン『ドロイドメーカー』)。とりわけ水の表現は、『アビス』(一九八九)や『ターミネーター2』(一九九一)などで多用された、水中や透明なものを描くCG技術を使っている。開発したのがルーカスフィルムのILMだったので利用は当然だろう。

こうしたCGの利用はVFXと呼ばれ、撮影後に多くの加工がほどこされるようになる。そのため俳優たちはしだいにブルースクリーンの前で演技をするだけとなり、さまざまな背景が後ではめ込まれる。大規模なセットが組まれることはなくなり、あくまでも簡素な舞台での演技が求められるようになった。脇役も含めて舞台俳優や映画経験者がたくさん採用されているのも、簡素なセットでの撮影と無縁ではない。演技にシチュエーションを理解する想像力や熟練した演技力が求められるせいだ。

アナキン三部作のヒロインであるナブーの女王パドメ・アミダラは、その後元老院議員となって活躍する。身を守るために替え玉(影武者)を用意しているし、実際に『クローンの攻撃』では襲われて、替え玉は殺害されるし、寝室も狙われる。こうした政治的闘争の渦中にパドメがいるように、ルーク三部作では、彼女の娘であるレイアがオルデラーンの元老院議員となって活躍していた。しかも、陸には緑があふれて豊かな水のある惑星ナブーは、破壊される前に青い地球のような姿を見せた「平和で、武器を持たない惑星」というオルデラーンの姿とつながっている。ナブーも義勇軍程度の兵力しか持たずに、通商連合側の侵略を受け入れてしまう。『シスの復讐』で、レイアをオーガナ夫妻が引き取るときに一瞬姿を見せるオルデラーンの首都のようすも荒廃してはいない。パドメとレイアの育った惑星は生命にあふれていて、それに対してルークとアナキンという男性主人公たちは、対照的なタトゥイーンという乾燥した砂漠の惑星と結びついている。

ジェダイの騎士たちはパドメを救出して宇宙船で脱出するのだが、攻撃されて不調になったエンジンを修理するためにタトゥイーンへとたどり着く。そこでアナキンと出会うことになる。アナキンは奴隷の身分で三歳まではハットのもとにいたのだが、今はジャンク屋で働いている。ポッドレースに参加したいアナキンは、クワイ＝ガンの助けを借りて参加する。有名な『ベン・ハー』(一九五九)の戦車レースからの借用だが、そこで得た金によってアナキンは解放奴隷となり、クワイ＝ガンのもとへとやって来る。ジェダイの騎士として鍛えるためだ。だがクワイ＝ガンはダース・モールに倒されてしまう。千年前に滅んだと考えられたシスが蘇ってきたことが、ジェダイたちに衝撃をもって迎えられる。そしてルーク三部作ですでに観客がその行く末を知っている銀河皇帝が、シスという絶対悪とつながっていることが示される。

エピソード2である『クローンの攻撃』は、その十年後を舞台にしていて、オビ＝ワンの弟子となったアナキンが、共和国から離反する分離主義者であるドゥークー伯爵の勢力と戦うことになる。命をねらわれたパドメの警備を任されていく中で、アナキンとパドメは恋におちる。そしてオビ＝ワンは、クローン兵士が共和国側の依頼で生み出されていたという秘密を知るのだ。ドロイドの兵士とクローンの兵士が戦い、さらにジェダイとシスの人間たちが絡む「クローン大戦」が勃発するところで映画は終わる。ここではアナキンの恋のゆくえと、母親シミの死が描かれてもいる（クローン大戦に関しては第3章で詳しく触れる）。

そして三年間の「クローン大戦」をはさんだエピソード3の『シスの復讐』では、戦争終結の最終局面が描かれる。誘拐されたパルパティーン最高議長を救出に向かうところから話が始まる。分離主義者の頭目であるドゥークー伯爵が倒され、アナキンによって首を切断される。伯爵は元ジェダイで、じつはクワイ＝ガンの師匠であり、アナキンとはオビ＝ワンを通じて師弟関係の系譜にある。しかも伯爵はダース・ティラナスという名称ももっていたし、殺害をアナキンに命じたパルパティーンの部下でもあった。

ここで最高議長は手駒を伯爵からアナキンへと換えたわけだ。途中でパドメが妊娠したことを知り、さらに彼女が死に直面する予知夢を見たアナキンはなんとかその運命を変えたいと願う。パルパティーン最高議長から、死者を復活させることができるシスのダークサイドの力の話を聞き、その誘惑にかられ、ジェダイが共和国の支配をたくらむという陰謀話を聞かされて信じてしまう。

オビ＝ワンが分離主義者のグリーヴァス将軍を倒したことで、クローン大戦は終結した。だが、それはパルパティーン＝シディアスがクーデターを起こすきっかけとなった。「オーダー66」というジェダイの騎士を殲滅させる指令をだす。これによってクローン兵士たちが次々とジェダイを殺害していく。オビ＝ワンが、アナキンの裏切りとダース・ベイダーという名が授けられるようすを録画で確認する場面は観客に悲痛な感じを与える。

惑星ムスタファーでのオビ＝ワンとの戦いで、アナキンはライトセーバーと手を完全に斬り落とされ、溶岩の火によって全身が燃え上がる。オビ＝ワンはその様子からアナキンが死んだと思い、ライトセーバーを拾い上げる。後に『新たなる希望』でこれがルークに父親の遺品として与えられるのだ。けれども「パルパティーン＝シディアス」がアナキンの焼け焦げた体を回収し、医療的な再生を施し、鉄仮面を着けさせた。このように、「ダース・ベイダー＝アナキン・スカイウォーカー」の過去が明らかとなり、観客はルーク三部作でのベイダーの行動の背景が理解できるようになった。

【シスの登場】

アナキン三部作のなかでは、ジェダイ以前に隆盛し、共和国の誕生とともに滅んだとされる「シス」という存在に「悪の起源」がたどられる。ただし、シスとジェダイの反目は単純な誤解による対立とは異なる。惑星ナブーにおいて、地上のナブーと水中のグンガンがお互いに反発していたのは、コミュニケーション不足からくるとされた。『ファントム・メナス』の最後で、パドメが頭を下げることでグンガン側が納得し、ナブーと連携して通商連合のドロイド兵と戦う。グンガンは水中に都市を築けるほどの工業力を持ち、最後の戦いでは、原始的ではあってもシールドを張ったり、エネルギーボールでドロイド兵士や兵器を無力化できる。その意味で、ナブーとグンガンの間にあるのは質的な対立ではないし、結果として両者を仲介したのが、グンガンから追放されたジャー・ジャー・ビンクスだった。

そうした誤解や不信による対立とは異なるのが、「絶対的な悪」に見えるシスとの関係である。暗黒面（ダーク・サイド）が勃興してくる過程が、アナキン三部作にはある。そこでの一連の騒動の背後に、パルパティーンという人物がいる。彼はシスの暗黒卿ダース・シディアスという陰謀家の面と、ナブー選出議員から元老院最高議長にまで出世した政治家の二面性を持つ。パルパティーンが言葉巧みにアナキンを誘惑して、自分の片腕となるダース・ベイダーへと導く過程と、本人が銀河皇帝になっていく過程とが重なっている。「ジェダイ」の対立物としての「シス」が見出された。ダース・シディアスとその弟子のダース・モールそしてダース・ベイダーはともに、千年前にシスを滅ぼすことで悪を倒して一元化したはずの銀河共和国の内部から生み出された「悪」なのだ。

こうした展開について、第一作目の『スター・ウォーズ』つまり『新たなる希望』のノベライゼーションの冒頭の「プロローグ」の二ページで書かれた内容を具体化したものだ、と二十五周年記念版の序文でルーカス本人が告白した。確かにパルパティーン最高議長の陰謀なども書きこまれ、旧い共和国が銀河帝国へと飲みこまれて行く過程も説明されている。けれども、数ページであらすじを書くことと、それがアナキン三部作として映像化されることの間には大きなへだたりがある。ルーカスが自分のノートに書きつけた架空の歴史が、観客の目の前で展開する物語に具体化されていくときに、新しい要素も取り込まれるからだ。

今度のアナキン三部作はシナリオも監督も本人が中心であって、ルーク三部作のように映画製作の仲間たちに構想やシナリオを語り助けられて生み出したものではなかった。もはやルーカスは野心に燃えた三十過ぎの若手ではなく、五十代半ばの中堅監督であり、ルーカスフィルムを頂点とする「帝国」の支配者で、興行的な失敗は許されなかった。しかもルーカスにとってのヨーダともいえる神話学者のキャンベルはすでに亡くなってしまい、相談相手もいないのだ。その意味でルーカスにとっての試練だった。

ルーカスが原案とプロデューサーをつとめた『笑撃生放送！ラジオ殺人事件』(一九九四)が商業的に大失敗をしていた。田舎町に住んでいたルーカスがラジオを偏愛していたのは、『アメリカン・グラフィティ』に人気ＤＪのウルフマン・ジャック本人を登場させたことからもよくわかる。だが、この題材は観客に受け入れられず、ルーカスの名前があるにもかかわらず、日本では劇場公開もされなかった。失敗を避けるには、やはり「スター・ウォーズ・シリーズ」しか選択の余地はなかったのだ。

だから、アナキン三部作において、ルーク三部作で起きたことの起源をたどろうとしたのは、ルーカスにとって自分の創作物の原点の確認であり、同時に大きな冒険をしなくて済むリメイクともなる。

かつてのルーク三部作では、予算の関係でたえず20世紀フォックスの側から、シーン削減の要求があった。たとえば、『新たなる希望』の最後のデス・スターの破壊は、結果だけ見せて戦闘の詳細はいらないと指摘された。だが、細部の力を信じるルーカスはそうした要求をはねのけ、ルーク三部作はできあがってきたのである。ルーカスが会社側からの制約と抗う姿が、物語内でルーク本人が手探り状態で自分の運命と格闘し苦しむ姿とつながっていた。だからこそ三部作の完成まで物語を続けるために工夫をこらしたのだ。第一作『新たなる希望』でのデス・スターにXウィング戦闘機が直角に飛び込んだときの幻惑、『帝国の逆襲』でのクラウド・シティでのダース・ベイダーが息子の手を斬り落とす場面の背景の光あふれる奈落の奥深さ、『ジェダイの帰還』の森の中を疾走するスピーダーの思わず目の前の木から顔をそむけたくなるような光景といった視覚的な驚きが常にあった。

ところが、アナキン三部作では、映画を資金的にも技術的にも思うがままに出来るにも関わらず、だからこそかえって映像の物量作戦へと変化したように見えてしまう。元老院やジェダイの最高会議が置かれた首都惑星のコルサントの空中にはたえずエアスピーダーが往来している。ニューヨークや東京の大都会を表現するのに、車があふれる道路を描写するようなものだ。そして、『クローンの攻撃』では、パドメ暗殺をたくらむ犯人を追いかけて、アナキンとオビ=ワンが縦横に飛び回る。こうしたカーチェイスは冒険やサスペンスの定番であるが、地上を走る車でできる光景だった。

C-3POのモデルとなったロボットのイヴが登場するフリッツ・ラング監督の『メトロポリス』(一九二七)では、空に飛行機が飛び、地上の道路に車がひっきりなしに動くことで大都会を表現したが、模型を使っていた。ところが、空中の交通網の描写はCGによってもっと自在に作り出せるようになったのだ。このような表現手段の進展にもかかわらず、すでに指摘したように構図は安定して破たんを見せない。

しかもアナキン三部作の設定年代はルーク三部作以前なので、時間の順序としても、より発展させたテクノロジーを登場させるわけにはいかなかった。通商連合が派遣したドロイドの兵士を乗せた宇宙船も、複葉機のように二枚の翼を持ち丸みを帯びている。スター・デストロイヤーの前身となるのは小型の三角翼の宇宙船である。表現するテクノロジーは発達したのに、表現される対象物がレトロな感覚を帯びている。

もっとも、クローン大戦を経て共和国の軍事力も強化されたのか、『シスの復讐』では、スター・デストロイヤーなど「帝国軍」の兵器と思えるものに、オビ＝ワンたちが乗っている。ルーク三部作で反乱軍に感情移入していた観客には違和感を与えるが、このときには分離主義者と戦かう「共和国軍」の兵器だったのだ。このことも主人公が善へと向かって前進するルーク三部作と、主人公が悪へと傾斜し道徳的に後退するアナキン三部作という対比を生み出している。

その代り、アナキン三部作では、静止的なマット画ではなくて、ＣＧを多用したＶＦＸによる流動的な風景表現が前面に出てきた。『クローンの攻撃』のタトゥイーンでの日没や、『シスの復讐』での溶岩が流れる惑星ムスタファーは、どれも視覚的に誇張されていたが、誘拐された母が死んだことへのアナキンの怒りや、ダークサイドに落ちて、オビ＝ワンと対決し、最後に両手を斬り落とされて、溶岩の熱で全身が燃え上がって炭のようになってしまう運命と見合っていた。風景がキャラクターの感情とシンクロするように置かれているのだ。

すべてがVFXとなったことでルーク三部作での実景とはずいぶん異なる。タトゥイーンの砂漠の日没は実景に太陽をひとつ増やすという加工を施しただけであり、ホスの氷の惑星の実景はノルウェーだった。ヨーダが隠居生活を送っていた惑星ダゴバは完全にセットの中で撮影されたが、人形とそれを操る人間のために一メール高く設定されて作られたものだった。ところが、アナキン三部作ではヨーダ本人もCGとなり、その体毛まで細かに計算されて表現され、ライトセーバーを操って何度も戦うのだ。人形ではこの動きはできなかっただろう。

ルーカスは『ジェダイの帰還』のノベライゼーションの序文で「テクノロジーと人間の関係が興味の中心だ」とシリーズ全体の主題を要約している。アナキン三部作でも「ドロイド」と「クローン」と「人間」との相互関係を通じて、この主題は描かれている。また、サーガにおいて表現する手段の技術的な発展と、表現される対象や内容との関係においても、ルーカスなりの考えが投影されている。

2　アナキンの難題と二人の母親

【アナキン三部作の難題】

二つの三部作の違いはヒーローの名前の付け方にも表れている。ルーク・スカイウォーカーの「ルーク」は、ジョージ・ルーカスの苗字に由来すると考えるのがいちばん妥当だろう。草稿では「ディーク・スターキラー」など他の名前が候補にあがっていたが、最終的にこれに落ち着いた。英語のルーカスは苗字にも名前にも使われるが、語源から言えばルークと同義である。すべての作品は作者の伝記的な事実と何らかのつながりを持つという一般論だけでなく、ここでは「ルーク＝ルーカス」という連想があからさまに表現されているのだ。しかも、ルークは新約聖書の「ルカ書」の「ルカ」の英語表記でもあり、宗教的な「善」の側に立っていることがすぐに感知できる。それに対して、敵であり父親であるダース・ベイダーの「ダース」が「シスの暗黒卿（ダーク・ロード・オブ・ザ・シス）」の略だ、と後付けで説明された。

おなじように、アナキン・スカイウォーカーの「アナキン」は監督仲間、といっても三十歳年上で父親のようなケン・アナキンから採ったとされてきた。年齢差もあり、この命名はルークの父親にふさわしいと思えたのだ。ただし、草稿などでは「アニキーン」と綴りが異なっていたので、その名残としてアナキンは「アニー」とふつう女性に使う略称で呼ばれている。ワトーの店で「あなたは奴隷？」と質問したパドメに向かって、「人だよ。ぼくの名はアナキンだ」と言い張るのは、どうやら自分が奴隷であることと、大人たちから「アニー」と呼ばれることに抵抗を持っているせいなのだろう。

ケン・アナキンは、戦車が活躍する『バルジ大作戦』（一九四四）や、ノルマンディー上陸作戦を描いた『史上最大の作戦』（一九六二）の共同監督など戦記もので有名である。イギリス生まれではあっても、ディズニー映画をたくさん作った功績もあり、ハリウッド映画史にそれなりに名前を残している。しかも『素晴らしきヒコーキ野郎』（一九六五）では複葉機などの古い機体を空に飛ばし、『モンテカルロ・ラリー』（一九六九）のようなカーレースを扱うのだから、高校時代に大きな事故を起こすほど車に入れ込んだルーカスが夢中になっても不思議ではない。精神的な影響はあったかもしれないが、二〇〇九年にケン・アナキンが亡くなったときに、ルーカスは広報を通じて借用そのものを否定した。いずれにせよ、ルーカスが自分を込めたルークと、父親世代の先輩監督への敬意を込めたアナキンとは対照的なのだ。サーガを形成するルーク三部作とアナキン三部作は、タトゥイーンの二つの太陽のように、似たところと相違点を持つことになった。

アナキン三部作は、なによりもアナキンを主人公にしたせいで難題を抱えた。ひとつは、彼がルークの父親であり、最後にダース・ベイダーとなる運命を観客はすでにエピソード5の『帝国の逆襲』で知っている以上、三部作全体を「ダース・ベイダーの悲劇」と把握し確認するだけで終わってしまう。しかも三部作のなかでアナキンが絶対に死なないことはわかっているので、悲劇の重みを担うのは、クワイ＝ガンの死とアナキンの母親の死とルークとレイアの母親となるパドメの死となる。とりわけ出産と引き換えのパドメの死の意味は大きい。

観客はどうしても主人公が悪へ傾斜する重苦しい展開が予想できてしまう。そしてその通りに後半にはアナキンによる殺戮場面が繰り返されるのだ。帝国支配の完成を物語るアナキン三部作は、完結してもルーク三部作の帝国の抑圧から解放されるようなカタルシスを感じることはありえない。エピソード3の最後に登場するタトゥイーンの二つの夕陽は、あくまでもエピソード4へとイメージをつなげるためだし、ルーク三部作での救済の期待があるからこそようやく結末となりえるのだ。ルーカスがエピソードを1から6へと順番に観てほしいと願ったのも、アナキンとルークの父と子の物語として整理することで、ひとつひとつエピソードに正当性を与えるためだった。だが、ルーク三部作の前提となるはずのアナキン三部作の方が複雑な要素を抱えてしまった。それは善と悪が明確に分離できないことへの認識が深まってしまったということである。

しかも、ルーク三部作が冷戦中の作品であったのに対して、アナキン三部作が冷戦後の産物である点も見逃せない。戦争国家としてのアメリカの意識を反映している。ルーク三部作が直前の七五年に終結したヴェトナム戦争までの過去のアメリカの戦争を背景に持っていたのに対して、アナキン三部作では九一年に終了した湾岸戦争が、二〇〇一年の9・11によって再燃し、二〇〇三年のイラク戦争へと傾斜するアメリカの状況を抱えこんでしまった。もちろん題材を直接取り入れてはいないのだが、悪へと傾斜する「アナキン＝ベイダー」の姿と、とりわけ9・11以降のアメリカの軍事行動や戦争への国民の意識とが、連動してしまうのは避けられなかった。ロボットもクローンも「人間の複製」という意味で人間そのものではないし、空爆などが無人の兵器によって可能になった時代の想像力を刺激するのだ。

アナキン三部作のもうひとつの難題は、物語において、ダース・ベイダーがルークの父親だったり、レイアとルークがじつは双子だといった類の謎が乏しく、意外性でストーリーを引っ張れなかった点にある。ルーク三部作は、伏せられたカードを次々と開けていくトランプのような展開を持っていて、父と子や双子の謎が解かれるたびに観客は驚いたわけだ。それが、続編を待ち望む原動力ともなっていたのだ。

もちろんアナキン三部作でも解き明かされる謎がないわけではない。アナキンがダース・ベイダーになった経過とか、ルークとレイアの母親が誰なのかがわかり、双子が別々に育てられた事情や経緯もはっきりとする。だが、どれもルーク三部作の結果を見届けたあとで語られると、一種の確認にすぎなくなってしまう。アナキン三部作に謎があっても、多くの駒や手の内が観客に知れたなかでおこなうので、チェスゲームのような雰囲気を持つ。興味は「なぜ」よりも「どうやって」という点に向かってしまうのだ。

アナキン三部作でのいちばんの謎解きは、パルパティーンというナブー出身者が銀河皇帝になるように、共和国の内部から独裁者を生んだ過程について説得力を持たせたことだ。そして「クローン大戦」が共和国側のクローン兵士と帝国側のボットを交えた戦いとなった裏側の事情が明らかとなる。主人公アナキンの秘密というよりは、背景説明となっている。しかもクローン兵士が作られた謎を探るのに活躍するのはアナキンではなくて、師のオビ＝ワンなのだ。「クローン大戦」の細部は、テレビアニメで語られるが、それでもアナキン三部作への従来のファンや批評家たちの悪い印象を変更するまでには至っていない。

【アナキン三部作と二人の母】

ルーク三部作は父と子の話だが、アナキン三部作は母と子の話になっている。ルークは『ジェダイの帰還』でレイアに母親の記憶を質問するが、自分は何も覚えていないと言う。レイアの記憶は養母のことで、ルークと同じく実際の母のことは知らないはずだが、それに疑問を持っていない。ルークはあくまでも父アナキン＝ベイダーとの関係に固執している。

シスの側もジェダイの側も、資質を持つ家系によって伝わるだけでなく、技を伝承する集団である以上、疑似的な父と子や兄と弟の関係が濃密に存在する。子どもたちを訓練するジェダイ・アカデミーは、拳法を学ぶ「少林寺」のような宗教と武術を伝承する場のようだ。「フォース」は「気」に似ているので、そうした「東洋思想」の影響が感じられる。そして千年前に弾圧されて以来秘密裏に代々伝承されてきたシスの技も、さらに帝国支配下でヨーダからルークへと継承されたジェダイの技も、どこか「一子相伝」の趣さえある。

こうした一連の動きがわかりやすいルーク三部作に対して、アナキン三部作は一作ごとに時間が跳躍していて、人物や事件の関係がつかみにくい。配役も『ファントム・メナス』のアナキンは子役だったが、十年後には青年になっている。しかもパドメとの愛の場面でも、ファミリー向けの範囲とはいえベッドシーンの描写もある。ルークとハン・ソロとレイアの擬似的な三角関係に比べてあからさまに性的関係が登場するのは、もちろんそうしないと双子が誕生しないせいである。アナキン三部作が、それぞれのエピソード間の時間経過に十年そして三年と設定したのは、アナキンの成長を待って、シミからパドメへと「母」の役割を交代させるためである。

『ファントム・メナス』は、奴隷であったシミとアナキンの母子が、身分においても境遇においても別れていく話である。クワイ＝ガンが解放奴隷となったアナキンを連れていくのは、驚異的なフォースの力を持つアナキンをジェダイとして訓練するためだった。だが、九歳では「ジェダイ・アカデミー」に入るには歳をとりすぎていた。それが最後に幼い子どもたちをアナキンが虐殺するときに、アナキンが別の意味で彼らに嫉妬を感じていても不思議ではない。自分が奴隷として辛酸をなめていた年齢にあたる子どもたちが、手厚い保護のもとで教育を受けていたからだ。

そして自分で成り上がっていく志向の強いアナキンは、解放奴隷から皇帝の補佐役に上り詰めていく。まるでローマ時代に、解放奴隷あがりのマルクス・アントニウス・パッラスが皇帝クラディウスの片腕となったり、解放奴隷の息子であるペリティナクスがついには皇帝となったのを思い起こさせる。この銀河系は奴隷から身分が上昇するのが不可能な世界ではないのだ。

「ジェダイ・アカデミー」からすると、もはや帝国アカデミーに行く十九歳という年齢になったルークをヨーダが訓練したのはかなりの例外であった。スカイウォーカー家の血筋の並外れたフォースの強さが理由とされるが、学校ではなく、シスのように一子相伝のやり方で伝えるしかない状況になったのだ。「シスはいつも二人組だ。師匠と弟子がいる」というように、ダース・モールの背後にダース・シディアスがいた。オビ＝ワンたちはルークの成長を見守ってきたので、介入する機会をうかがっていたのかもしれないが、例によって「未来は確定的ではない」とヨーダの言う通りなのである。

アナキン三部作の中間にあたる『クローンの攻撃』は十年後の設定となる。アナキンがパドメと出会ったときにはまだ子どもだったが、その後ダース・モールに殺害されたクワイ＝ガンの代わりに、オビ＝ワンがアナキンを自分の弟子（パダワン）にしている。ここではパドメとのラブロマンスが描かれる。元奴隷と女王との恋愛であるから、まさに究極の格差を超えたもので、しだいに肉体関係の表現へと傾斜していく。これは『帝国の逆襲』でのハン・ソロとレイアの恋愛の表現が、カシュナー監督の演出によって控え気味だったのとはかなり対照的である。

アナキンの母シミとの関係が新しい展開を生むのは、シミの苦しむ夢を見たせいである。これはパドメへの傾斜と対応し、秘めた恋愛でもあり、またタトウィーンから離れていたせいもあって、シミが孫の顔を見ることなど到底不可能だった。つまり、アナキン三部作の母―子の関係は、二人の母親シミとパドメが交替し、さらに両者が亡くなることを含んでいる。それによってアナキンとつながる身内が消え去るのだ。

シミの救出に関しては、予知夢にうなされるアナキンに同情してパドメの船でタトゥイーンに出かける。そして、誘拐したタスケン・レイダーのもとへと単独で救出に向かい母親の死を看取ることになる。これは怒りを呼び、タスケンの一族を血祭りにあげたのが、ダークサイドへの傾斜のきっかけとなった。ここで明らかになったのは、シミがクリーグ・ラーズに奴隷として売却され、その後解放されて結婚相手となったという点だ。だからルークからすると育ててくれたオーウェンは確かに伯父だが、アナキンとは義兄弟のせいで、苗字がスカイウォーカーではなくてラーズと異なるのだ。根っからの農民であるオーウェンにアナキンの生き方やましてやダース・ベイダーとなっていく事情はわかるはずもなかった。オビ＝ワンがルークの伯父夫婦にどこまで真相を語ったのかにもよるだろうが、「頭のおかしな老人」とオビ＝ワンのことを一蹴しているのは、自分たちとは異なる価値観を持つ者だからだ。

さらに『シスの復讐』では、パドメが妊娠して母となる物語が、アナキンを追い込んでいく。彼にとって再び見た予知夢は、前回のシミの場合が正夢となったので、余計に信憑性を感じてしまう。そこで死者を復活させることができるというシスのダークサイドに興味を持っていく。それは母となるパドメをすくい、無事に子どもを誕生させたいと思ったからである（ただし、アナキンが自分の子どもを双子だとは知らなかったことがその後の展開にとっては重要だった）。

『シスの復讐』の最後では、二つの誕生と二つの死が重ねられる。つまりアナキンとパドメの子どもである双子のルークとレイアの兄妹の誕生、そしてダース・ベイダーの誕生である。そこに出産後のパドメの死と、オビ＝ワンがルークに「お前の父はベイダーに殺された」と言ったような比喩的な意味でのアナキンの死が重ねられている。カットバックによって、これらを結びつけるのがエピソード3の大きな役目である。結局アナキンは死んだパドメを蘇らせることはできなかった。ジェダイたちは亡霊となって登場し、ヨーダはオビ＝ワンに、死んだ師匠のクワイ＝ガンと対話する術を教える、というように交流を持てるようである。だが、アナキン＝ベイダーが、シミやパドメという死者を復活させることはなかった。

【ジャー・ジャー・ビンクス問題】

なによりも時間経過による古さを感じさせない（あるいは自由に変更できる）のが、CGで作られたキャラクターたちだった。ここでは便宜的にCG（コンピューター・グラフィックス）を使っているが、英語ではCGI（コンピューター生成の映像）というのがふつうである。ルーク三部作を「特別篇」として仕立直したときから、新作でCGが多用される状況は予想できた。異形の生物やキャラクターがフルCGで作られた。ヨーダもマペットからCGになったことで、ライトセーバーを振り回す活動的な人物となった。ルーク三部作でヨーダの九百歳の老衰死を見届けた観客からすると驚きの変化である。毛の一本一本の動きまで計算して描けるようになったので、透過光でヨーダの体毛がわかるほどだ。

またCGが発揮されたのが、分離主義者のドゥークー伯爵の手下である将軍グリーヴァスである。機械仕掛けの身体を持ち、骸骨のような白い顔をしている。設定では、爬虫類属の人間だが、事故のせいでサイボーグ化された。将軍はジェダイを倒してライトセーバーを収集するのが趣味で、同時に四本の手でライトセーバーを円のように振り回して襲ってくる。これはレイ・ハリーハウゼンの特撮による骸骨の兵士(『アルゴ探検隊の冒険』)や、剣を六本持って振り回す陰母神カーリー(『シンドバット黄金の航海』)へのオマージュに他ならない。それがCGによってなめらかな動きを見せる。

主要な登場人物では、『ファントム・メナス』で活躍するジャー・ジャー・ビンクスというキャラクターが批判の対象になった。配役の人間を決めて、その動きを取り込むことになっていたのだが、最終的にはフルCGで登場した。人の手で動かす人形とオプティカル合成が中心だったルーク三部作のあと、『ウィロー』(一九八八)で開発されたモーフィングという、ある形と別の形をつなげる技術が導入されたことで、自由でなめらかな動きが獲得された。そして肌の質感がしだいに加わっていった。そもそも映画はテクノロジーの発達を受けて過去の作品をリメイクをしてきた歴史がある。サイレントからトーキー、白黒からカラー、ビスタサイズからワイドスクリーンへと変化するなかで、それぞれの新しい技術発展にふさわしく古い物語が作り直されてきた。その意味でルーカスは、ルーク三部作の「特別篇」では飽き足らず、アナキン三部作という前史の形で自分の過去の作品を技術的に「リメイクした」と考えるべきかもしれない。

実写とCGの合成を多用したせいで、作りこんだセットも野外ロケも不要となり、俳優たちをスタジオ内のブルースクリーンの前に立たせて演技させるようになった。SFXと呼ばれる特撮技術は、映画とテクノロジーを深く結びつけているし、電力なしには現在では撮影も視聴もできない。印刷本や絵ならば空の下で読んだり見たりできる。演劇は生身の俳優たちによって野外で演じられてきた。

だが、現在の映画はどこまでも電気の力によって再現されるジャンルなのだ。しかも室内作業で野外撮影が減ると、撮影日程や必要経費がコントロールしやすくなるので、映画製作の資金を集めやすいし、他のところへ配分できるようになる。

こうしたアナキン三部作には、ルーカスが自分のイメージを映像化し、映画をひとりで作り上げようという欲望が満ちている。学生時代に作った短編映画から持っていた自己完結性だった。当時の南カリフォルニア大学の映画学科からハリウッドの大手へと就職する道はほとんどなかった。だから学生が向かうのはドキュメンタリー映画(実際ルーカスは一度軍関係の仕事とかかわったことがある)の方向だった。それが転換できたのは、スタジオの自作システムが崩壊したのと、若者向け映画が受けるという市場の動向と、フランシス・F・コッポラのような独立系の新しい映画製作者が登場したせいだ。ルーカスもコッポラに才能を認められて「アメリカン・ゾーエトロープ」に参加し、世に出たのである。

ルーカスはアニメーションへの関心を学生のころから持っていた。南カリフォルニア大学時代の授業で観たカナダの映画監督たちから大きな影響を受けた。音楽とシンクロする映像で有名なアニメ作家のノーマン・マクラレンの作品がアニメーションへの関心を開いた。そして、ゴダールのもとでも働いたクロード・ジュトラのドキュメンタリー映画の作品から編集術を学び、それまでのSF作品になかったテイストを『THX-1138』などに盛り込んだ。とりわけ、アヴァンギャルド映像作家のアーサー・リプセットの短編「21-87」は、コラージュ的手法をとり、冒頭でマニピュレーターが酒を注ぐ場面や、ロボットの動きをまねるパントマイム、さらに激しい踊りなどで時代を表現しようとした。そこに人間と機械との関係に皮肉めいたコメントが続く。こうした映画からの影響はルーカスが大学時代に作った実験的な映画のテイストを決めた（ブルッカー『スター・ウォーズ』）。

学生時代の作品全体から浮かび上がるのは、すべてを自分でやろうとする映画製作者のルーカスの意気込みと実験性である。だから自分のルーカスフィルムに音響や特殊効果やCGといった技術的な部門を設置していったのも当然といえる。のちにアニメ制作会社「ピクサー（PIXER）」として独立し、ディズニーに組み込まれたCG部門を作ったのだ。コンピューターを使ったアニメーションの表現に関心があり、スピルバーグ総指揮、バリー・レヴィンソン監督の『ヤング・シャーロック／ピラミッドの謎』（一九八五）で、ステンドグラスのなかの騎士が平面のまま動くという表現が最初だった。そしてピクサーの代表作となった『トイ・ストーリー』も、CGアニメというデジタルの手段を使って人形やおもちゃのアナログな動きを再現している。

そうしたCGアニメの成果が、ジャー・ジャー・ビンクスの導入だった。クワイ＝ガンとオビ＝ワンに出会ったときから、騒動を起こし、邪魔するようにみえるが、結果として地上と水中の二つの種族の懸け橋となる。扱っているテーマに対する「コミック・リリーフ」としてである。映画をファミリー向けと考えた場合に、政治的な議論とは別次元で、とりわけルーク三部作を観ていない子どもたちの興味を引くキャラクターにしようと考えられたのだ。

ジャー・ジャーはカメレオンのように長い舌を伸ばして、食事のマナーもなっていなくて、何にでも触りたがり、たえずトラブルの火種を作るキャラクターだ。どこか軽薄な感じを与えるしゃべり方が、カリブ系などの黒人英語を連想させるし、たえず騒動を引き起こす子どもウケをねらったキャラクターに大人のファンや評論家は反発した。しかもアナキン三部作を通じて、しだいにパメラの片腕となって代議員となり、ときには惑星ナブーの代表として行動するのだ。当然ながらパメラの葬儀にも付き添っている。「フォース」も持っていないジャー・ジャーがここまで出世するのは、パルパティーン最高議長やアナキンの変質と匹敵するくらいの変化だろう。ルーカスはC-3POの役目をジャー・ジャーに求めたとされるが、あくまでもドロイドは下僕のままであり出世はしない。デジタル表現への嫌悪とそうした設定を持つキャラクターへの反発が一部のファンによるジャー・ジャー批判となった。

大学教授で映画評論家のダニエル・キメルが『ジャー・ジャー・ビンクスは死ななければならない』(二〇一二)という論集を出したほどである。この本でキメルは『メトロポリス』などからのSF映画の歴史をたどり、その上で最後に『ファントム・メナス』を批判する。ルーク三部作、とりわけカシュナー監督の『帝国の逆襲』を高く評価する立場からのもので、ハリウッドの続編製作が単に前作よりも強度を増すだけで工夫しない流れがあり、ルーカスもそれに従ったとみなしている。この意見を熱狂的なファンたちの前で披露したときの反発にかえって驚いたと書いている。

キメルにはアナキン三部作が技術を多用しただけの凡庸な反復に見えたのだが、その攻撃の標的となったのがジャー・ジャー・ビンクスだった。ルーカスはアナキン三部作でルーク三部作の乗り越えと書き換えを図ったのだが、評論家たちの多くは技術に溺れて子ども向けの内容に後退したと決めつけてそれ以上の分析になかなか進まない。キャンベルの図式に触れることも含めて、圧倒的にルーク三部作に重点を置いている。この本はアナキン三部作を同等の価値をもつ作品群として評価し直すことを目指しているが、それは二つの三部作の狙いが同じと考えないことによるのだ。

3　アナキンからベイダーへ

【ダース・ベイダーの作られ方】

やはり私たちが興味を持つのは、アナキンがどのようにしてダース・ベイダーとなったのかという点である。アナキン三部作では、パルパティーンが銀河皇帝となっていく過程と、アナキンがダース・ベイダーとなっていく過程が二重写しになっている。ルーク三部作の『ジェダイの帰還』で見慣れた醜い銀河皇帝の顔へとパルパティーンがしだいに近づいていくのは、シスとしての本性を現すせいだが、あどけないアナキンが、成長して、苦渋のなかでしだいに憎しみや呪いを口にするようになる。それは大人になったということでもあるが、この物語内では、「ダーク・ヒーロー」としてのアナキンの悲劇とみなされる。そのときに、アナキンがパルパティーンに傾斜するのには、「父の不在」が大きな影を落としている。

ルーク三部作のルークにとって「父の不在」は彼を冒険へと前進させる原動力となっていた。最初は「クローン大戦」に参加したパイロットの一人と教えられていたのだが、オビ＝ワンからジェダイの一員だったと知らされ、英雄視した憧れが強まる。ところが、父親本人の口からベイダー＝アナキンと告げられることで、後半は憎悪しつつ乗り越えなくてはならない強大な相手となった。いずれにせよ、自己形成のモデルとして父親がいたのである。

だが、ルークの父そのものであるアナキンは、あらかじめ父を欠いているので、彼自身の父へと決してたどり着けない。これは『ファントム・メナス』で導入された驚くべき設定のせいである。フォースに関して、目に見えない力を人間が操作するという「禅」のような精神的な説明から、「ミディ・クロリアン」による疑似科学的な説明へと移行した。ミディ・クロリアンとは「微小生命体で、あらゆる生きた細胞に生息し、フォースとコミュニケーションをとる」とクワイ＝ガンは検査をうけるアナキンに説明した。フォースは「力場」と理解され、そこから物体を動かす力を引き出すことができるようだ。そして、アナキンから検出された数値はヨーダよりも高いとされる。

その潜在能力から、予言にある「銀河のフォースのバランスをとる役割」を持つ「選ばれた者」が、アナキンとみなされた。『クローンの攻撃』で、アナキンは「自分の能力にふさわしい仕事を与えられていない」とパドメに不満をもらすが、その根底には師匠であるオビ＝ワンによる自分への嫉妬があると思いこんでいた。クワイ＝ガンは死によって少年アナキンを直接訓練することができず、パダワンだったオビ＝ワンが師の遺志を継いでトレーニングをほどこすのだが、アナキンにとってオビ＝ワンはあくまでも兄弟子であり、自分の才能をねたむライバルとみなしていて、父親的な存在にはなれなかった。

では、そもそもアナキンの父親は誰なのか。出自に関して母親のシミにクワイ＝ガンが質問したときに、「父親はいなかったんです、私がはっきりとわかるような……。彼を身ごもって、産んだんです」と返答する。ルークの場合に伯父夫婦が隠していたように、シミが実際の父親を隠しているとも考えられなくもない。だが、結局アナキンの父親を名乗る者は登場しないし、彼女の説明通りに理解すると「処女懐胎」したことになる。

アナキンの父親は誰なのかという詮索は、映画のなかでは封印されてしまう。フォースの申し子としてのアナキンが、バランスを崩して悪へと傾斜するのだが、最後には銀河皇帝を倒し、それが新しい共和国を作る礎となる道を開くことになる。その意味で自分の命を賭して銀河系全体のフォースのバランスを保ったのだ。ベイダーは悪の権化に徹したことによって大いなる善への道を開いた――この読み替えこそが、ルーカスがアナキン三部作でおこないたかったことである。

アナキンの人生は、このように救世主伝説を下敷きにしているし、彼のフォースの資質は個人の手に余る。だからこそ子孫に伝わるときにはルークとレイアという双子へと分割されたのだ。ルーク三部作が双子が補完しあいながら英雄とジェダイの騎士が復活するまでの物語だとすると、アナキン三部作はフォースに呪われて汚れていき、自分の能力や可能性を分割することになる反英雄の物語である。しかも、皮肉にもアナキンの死が全体の秩序回復へと役立つことになる。自己犠牲は英雄の重要な要素だ、とキャンベルも『神話の力』などで主張した。

こうしたスカイウォーカー家の系譜に、ルーカスの個人的な事情が隠れているとみなす解釈も可能である。カリフォルニア州モデストで小売業を営む父親は昔気質の商売人で、ルーカスに店を継がせたかったのは知られている。「ダース・ベイダー」を「ダーク・ファーザー」のもじりとみなし、ルーカスが体験を投影していると考えるのだ。ルーカスには姉と妹がいるだけなので、モデストの町から飛び出すことは、父親の期待を裏切ることになった。けれども、映画を作るというルーカスの生き方を父親が認めたのは、学生時代に作った映画が周辺から注目されているのを知った後だった。その意味では息子の独立独歩を重んじたといえる。

ルーカスの個人的な背景と映画の関係を考えるなら、メソジストの家庭に生まれ育ったせいで、「罪と救済」を同時に感じ取る教えになじんでいたのも一因かもしれない。メソジストはイギリスで生まれたが、アメリカで広く普及し、さまざまな派に分かれながらも、精霊を重視する考えを持っている。同時に生活の根底は「メソッド」を重んじるので、勤勉で堅苦しい信仰を持つ人々というイメージを与えてきた。

ルーカスが抱える多面性が、ルーク三部作のもつ打破する明るさや、アナキン三部作の重さや暗さとなって噴出したのだろう。ルーカス本人は「仏教的メソジスト」と公言しているのだが、若いころからの持病の糖尿病のせいで、制限や制止という禁欲的な方向、あるいはバランスをとる性向を持っていた。作品のなかで、学生時代の前衛作品のように既存の枠を破りたいという欲望が掻き立てられる一方で、最終的にはバランスをとるという予定調和の精神として結実する。その選択が結果としてハリウッドの映画作法と合致していた。

【禁止と掟破り】

ルーカスのなかに禁欲的な性質や「罪と救済」の感覚がある以上、禁止と掟破りが、アナキンがベイダーへと変化する際に大きな役目を果たす理由もわかってくる。アナキンをジェダイの騎士へと開眼させる役目を担ったクワイ＝ガンは、『ファントム・メナス』の最後でのダース・モールとの戦いの際に、シールドによって隔てられてしまうと、敵を前にしていきなり座禅を組むように瞑想のポーズをとる。再びシールドが開くまでの間の休息によって、無駄なエネルギーを使わずに集中することで、戦闘のときに全力を発揮できるからである。この禁欲的な態度こそが、ジェダイの学びとるべき態度である。精神を律して怒りに我を忘れるようなことがないようにするわけだ。

ルークの場合のトレーニングは、目標へ到達するために繰り返させるものだった。努力によってジェダイの最低線をクリアさせようとする。けれどもアナキンの場合には、ありあまる力を暴走させるのを「辛抱」することがトレーニングとなる。父の不在をあからさまに組み込んだせいで、しかもクワイ＝ガンが死去したせいで、解放奴隷となった以降のアナキンを押さえつける者はなくなった。それが「傲慢《ヒューブリス》」というギリシア悲劇以来のヒーローにつきまとう躓きの原因へとつながる。アナキンは自分の判断を信じこみ、オビ＝ワン、メイス・ウインドゥ、ヨーダ、さらにはパドメの言うことさえ耳に入らなくなる。

アナキンの傲慢の存在をしめすのは、彼に対して他人が口にする「そこにいろ(スティ・ゼア)」あるいは「ここにいろ」という短い命令や指示への反発である。その指示が守られることはない。上からの禁止はヒーローにとって自分の行動を制約されるわけだから、そこにとどまっていては英雄的な活躍はできない。凡人のままである。だが禁止とその違反の積み重ねによって、アナキンがダース・ベイダーへと変貌していく。

『ファントム・メナス』で、奴隷から解放されて、クワイ＝ガンのもとにやってきたアナキンは、ナブーの王女救出のために王宮に入る一行に加わる。それは「エンジェル」と考えたパドメの役に立って活躍できる瞬間になるはずだ。だが、戦闘機のコックピットに隠れたアナキンにクワイ＝ガンは「そこにいろ」と言う。アナキンにとって狭苦しいコックピットのなかで戦いを見守ることになったのだが、R2‐D2とアナキンは味方を援護しようとして戦闘機を発進させ、通商連合の宇宙船へと入り、それを破壊する。そのときの論理は「そこにいろ」と言われた指示を守った結果なのだが、これは禁止を逆手にとって英雄が活躍するときの常套手段でもある。

『ファントム・メナス』のコックピットの場合は、ポッドレースのパイロットとして優秀なアナキンを活躍させることにつながった。ところが、その後のアナキンは指示違反を次々とやっていくことで、悪への傾斜を強めるのだ。『クローンの攻撃』では、持ち場を移動したりするな、というオビ＝ワンの指示を破って、母親が苦しむ予知夢を見たことで、パドメを見張るという役目を逆手にとってタトゥイーンに出かける。母親の行方を探しに行くのだが、持ち場を離れたうえに殺戮行為に手を染める。オビ＝ワンの「そこにいろ」という指示を守らなかったせいで、母親の死に目には会えたのだが、同時に悪への傾斜が始まる。

そして『シスの復讐』では、アナキンはメイス・ウインドゥに、パルパティーン最高議長がシスの暗黒卿であるという重要な秘密を告白する。最高議長が非常時大権を握ったままなので、それを奪うためにウインドゥたちは出かけるが、そのときアナキンには、「おまえはここにいろ」と言う。アナキンが最高議長と親密すぎるので、それを断ち切るためのウィンドゥの指示だった。

ところがアナキンは、彼の母親と同じくパドメを喪失するのではないかという思いから、死者の復活の技を持っているというシスや暗黒面へと誘惑されている。禁止を破って最高議長のもとへと出かけると、ウインドゥに斬られる寸前だった。アナキンは、「殺すのはジェダイの掟に反する」とか、「パルパティーン最高議長を裁判にかけろ」と主張するが、「裁判所も最高議長の言うままだ」として、ウィンドゥは最高議長を殺害しようとする。結局アナキンが介入してウィンドゥの腕を斬り落としてしまう。その隙を見てパルパティーンは反撃をし、ウインドゥはビルから落下して亡くなってしまう。

これが最終的なターニングポイントとなる。ジェダイであるウインドゥの行為を力で封じたことで、アナキンは明確にパルパティーン最高議長＝暗黒卿シディアスの配下に入るのだ。忠誠を誓いダース・ベイダーの名をもらう。「オーダー66」の命令でジェダイ狩りがおこなわれるときには、すでにアナキンは暗黒面にいるので襲われることもない。代わりに通商連合の首謀者たちを惨殺するために出かけるのだ。その後の鉄仮面姿のダース・ベイダーとなる過程は、もはや禁止をする者がいなくなった状態を告げている。そして、アナキンの抱えた「禁止と掟破り」の葛藤は形を変えてルークへと引き継がれる。ルークの脱出願望は、「ここにいろ」という伯父によって塞がれていた。そして伯父夫婦の死が彼を冒険へと向かわせるのだ。

【二つの三部作のねじれた関係】

それにしてもルーク三部作とアナキン三部作のつながりを時系列で考えると、どうしても一種のねじれが生じてしまう。製作の順序と時系列にズレがあるせいだ。ルーカスの才能を見出したフランシス・F・コッポラが『ゴッドファーザー』三部作を時代順に積み上げていったように、ルーク三部作もアナキン三部作も単体としては一直線に時間が進んでいる。だが、観ていて、なんだか幻惑を感じるのは、後に作られたほうが時系列としては前の出来事という配列のせいである。

このような二つの三部作のねじれた関係のお手本になったのは、薔薇戦争を扱ったシェイクスピアの歴史劇であろう。フランスとの百年戦争のかたわらに、イギリス内部の内乱と統一が描かれたものだが、初期に書かれた二つの四部作と呼ばれる劇の並べ方とサーガが似ている。シェイクスピアのほうは、『ヘンリー六世』第一部から第三部と『リチャード三世』の第一の四部作が先に書かれて、その後に前史となる『リチャード二世』『ヘンリー四世』二部作『ヘンリー五世』の第二の四部作が完成した。歴史の順序としては、最初の四部作のほうが後の時代を扱っている。ところが、製作されたのを追っていくと若書きがしだいに成熟していく過程がサーガの場合と同じく感じられる。

しかもシェイクスピアの方には、身内を血祭りにあげるリチャード三世という稀代の悪党がいて、ダース・ベイダーと重なってくる。リチャード三世がロンドン塔に幽閉した自分の二人の甥を直接殺害するのが有名だが、アナキンも、タスケン・レイダーの一族を皆殺しにしたし、丸腰のドゥークー伯爵の首をはね、ジェダイ・アカデミーの幼い子どもたちを殺すという血塗られた過去を持つ。そして、シェイクスピアの第二の四部作は、放蕩王子だったハルが、さまざまな試練や戦いを経て立派なヘンリー王となって帰還する成長物語である。名君の帰還はジェダイの帰還ともつながる。ルークは新しい共和国の守護者であるジェダイの騎士として復帰するのである。母親のパドメからすると王侯の血を継いだように思えるが、裏設定では、ナブーの女王は選挙で選ばれることになっていて、パドメもアナキンのように貧しい出身とされる(「ウィーキーペディア」など)。

サーガとシェイクスピアとの親和性を裏づけるかのように、「シェイクスピア版スター・ウォーズ」というファン作品がイアン・ドースチャーによって作られた。これはルーク三部作とアナキン三部作のシナリオの台詞をシェイクスピア時代の英語の表現や語調に手直しして、舞台劇化する試みである。『新たなる希望』の表紙を大きく飾るのはダース・ベイダーであって、ルークではない。まさに「ベイダーの悲劇」という解釈がとられている。ヨーダなどがエリザベス朝の貴族風の「ひだ襟《ラフ》」で着飾ったイラストになっても意外としっくりとくるのだ。しかもあちこちでシェイクスピアの台詞が響いている。冒頭でC-3POが『リチャード三世』の「われらが不満の冬」の台詞から頂いた「われらが幸福の夏が、突然の激しい攻撃で冬となり」という独白で始まるし、ハン・ソロが炭素冷凍されるとレイアとチューバッカが嘆きの歌を歌うのだが、『テンペスト』で妖精エアリエルが歌う歌詞のパロディになっている、という具合だ。

ルーカス本人もシェイクスピアに無関心ではなかった。C-3POとR2-D2のコンビの元ネタである黒澤明の『隠し砦の三悪人』での二人組に触れて、それがさらにシェイクスピアに由来すると指摘した。つまり、『用心棒』に西部劇のジョン・フォードなどの下敷きがあるように、『蜘蛛巣城』や『乱』のようなシェイクスピアの翻案物を作製する黒澤が、『ハムレット』や『テンペスト』に出てくる二人組の道化役をもらったのだと見抜いているのだ。東洋からの影響に見えるものが、もともとヨーロッパにあった要素が帰ってきた、という立場である。ルーカスはダース・ベイダーの役を三船敏郎にやってもらいたかったほど、黒澤映画への尊敬の念を持っていた。その根底には、黒澤映画がもつ歴史をエンターテインメントとして語る手法への共感があった。

ルーク三部作とアナキン三部作が、歴史エンターテインメントとして出来上がっているとするならば、それは時系列の配置まで、古典から学びとってきたせいでもある。それがアナキン三部作にどこか落ち着きを与えている。それは、若手監督として新境地を切り開いていたルーカスが、新しい三部作では安定的な物語を語ろうとしたせいでもあるし、そこに別の物語や価値観を盛り込もうとしたせいだった。

二つの三部作の特徴の対比

ルーク三部作	アナキン三部作
父 — 子関係	母 — 子関係
アナログ	デジタル
英雄の上昇	英雄の下降
表現技術の導入	表現技術の完成
冷戦体制下	冷戦崩壊後

第3章　戦争の歴史とスピンオフの関係

1　サーガの年代記と戦い

【戦いの歴史として】

サーガ全体が「スター・ウォーズ」と名乗るくらいなので、アナキンとルークの二つの三部作の中心には戦争がある。旧い共和国が崩壊し、銀河皇帝の支配する帝国となり、反乱軍によって新しい共和国として復活するまでの一連の戦いが描かれている。アナキン三部作では、帝国が覇権を握るきっかけとなった「クローン大戦」が背景にあるのに対して、ルーク三部作で扱われるのは、「銀河大戦」、正確に訳すと「銀河内乱戦争」と呼ばれる、帝国を打破して新しい共和国を築く戦いである。

この章では、戦争の観点から歴史順つまりエピソード順にたどって因果関係を確かめる。そして、ライトセーバー戦の果たす役割も明らかにする。それとともに、スピンオフ作品についても触れていく。スピンオフ作品のなかでも、とりわけ森の月エンドアとイウォークを扱った子ども向け作品や、多数のエピソードを抱えたクローン大戦の位置づけをはっきりとさせる。新作のひとつで、ルーク三部作以前を舞台に、盗みや詐欺で生きてきた若者エズラ・ブリッジャーという主人公が仲間たちと活躍する『スター・ウォーズ　反乱者たち』にも触れる。反乱軍がどのように形成されたのかに関する物語であり、スピンオフ作品が作られる理由や特徴がわかってくるはずだ。

サーガが「正史」だとすると、そこからスピンオフ（分離独立）し、歴史の空白を埋める「列伝」や「裏話」的な作品が、ルーカスだけでなく様々な人の手によって作られてきた。ハン・ソロの生い立ちや彼がタトゥイーンに来るまでの来歴とか、ランド・カルリシアンとの過去のエピソードが描かれる。それだけではなく、悪の側であるダース・ベイダーや、銀河皇帝、さらにはデス・スターで惑星オルデラーンを破壊したターキン大総督に焦点をあてた物語まである。まさに善玉悪玉の「列伝」である。さらにサーガ以前の数千年の歴史が「発掘＝発明」されてきたし、『ジェダイの帰還』以降の話も描かれ、ルークがジェダイ・アカデミーを再興した話や、結婚相手や子どもまでもが登場する。

このような派生的な作品は、小説、コミックス、テレビアニメ、テレビゲームなどの形をとり、すでに結果のわかっている正史へのさまざまな解釈や説明となっている。スピンオフの作品群は「拡張世界」あるいは「拡張宇宙」（ＥＵ）と呼ばれる。脇役がスピンオフして、主人公となって新しい物語が生まれるのは、物語が増殖していくパターンのひとつでもある。

「スター・ウォーズ」の場合のように歴史を扱った正史的作品からスピンオフを創作するのも、じつはシェイクスピアがすでに試みていた。イギリスの内乱である薔薇戦争を背景としたシェイクスピアの歴史劇の第二の四部作では、放蕩息子のハル王子が名君ヘンリー五世へと変貌する姿が描かれた。そこにはハル王子に寄生して暮らすフォルスタッフという堕落した貴族が出てくる。太った様子はジャバ・ザ・ハットそっくりで、大酒飲みで王子を後ろ盾に盗みやたかりをおこなう。歴史劇は王権交代のシリアスな内容を含むのだが、このフォルスタッフとその手下の小悪党たちを歴史劇の文脈から取り出して、現代、といってもシェイクスピアの同時代に舞台を移して、『ウィンザーの陽気な女房たち』というコメディが仕立てられた。浮気者をこらしめる賢い女房たちの話なのだが、エリザベス女王がフォルスタッフの活躍を観たいと所望したという伝説が残っているほどである（この艶笑劇に関しては拙著『本当はエロいシェイクスピア』で扱った）。

第二次世界大戦を考えてもわかるように、実際の歴史年表でも「＊＊の戦い」と名づけられた戦争や戦闘が時代区分の役目をはたす。スピンオフ作品を含めた「拡張世界」の煩雑となる歴史を整理するには、何らかの基準点が必要となる。そこで、当初『スター・ウォーズ』として公開されたエピソード4『新たなる希望』のなかで、デス・スターを破壊した「ヤヴィンの戦い」での反乱軍の勝利を記念し、この年を紀元〇年とする年代法が採用された。年号表記を「ヤヴィンの戦い前（ＢＢＹ）」と「ヤヴィンの戦い後（ＡＢＹ）」とする。

これによって、たとえばエピソード1の『ファントム・メナス』はＢＢＹ32年の出来事となった。アナキンはこのとき九歳だから、ヤヴィンの戦いのときにはダース・ベイダーは四十三歳くらいである。鉄仮面の下にある素顔は見えないので、年齢は推定するしかなかったが、これで明確になったのである。そして、パドメとアナキンとの間にルークとレイアの双子が生まれたのは、ＢＢＹ19年となる。

このように年号を獲得したことで、細かなエピソードを時間軸に当てはめて前後関係が確定できるようになった。もっとも、ルーカスの作ったこの銀河系では、ワープによってかんたんに遠い星系まで移動できるので、光速になるほど船内の時間の流れが遅くなるという特殊相対性理論のいわゆる

「ウラシマ効果」は考慮しなくてよい。おかげで主人公たちがどんなに宇宙を駆け回っても、惑星に住む人たちが相対的にどんどん歳をとってしまうことはない。作品世界の時空の因果関係はどこまでも均質なニュートン力学の範囲で説明できる。十八世紀以来の冒険小説のように、私たちは七面倒くさい相対的な時間の流れを気にせず楽しめる。

ちなみに太陽のような恒星の周りを惑星が公転することを一年と定義するわけだが、当然ながら私たちの基準は地球である。惑星によって一年の長さは異なる。火星の一年は一・八地球年に相当するし、いちばん遠い惑星である海王星だと一六五地球年となる（冥王星は二〇〇六年に惑星ではなくなった）。サーガはどこまでいっても地球の感覚で理解できる宇宙なので、やはりルーカスのアイデアから出発した「インディ・ジョーンズ」と本質的な違いはない。冒険の舞台が宇宙か地上かというだけなのだ。後付けでほぼ地球と同じ「標準時間」が導入されたが、おかげで私たちは登場してきた人物や出来事を地球のものだと現実還元して安心できる。もちろん、それでこそ宇宙版の西部劇とされるスペースオペラというものだ。

【サーガの戦いの流れ――アナキン三部作】

サーガを年代順にたどってみると、そこで起きた戦いの関連がわかってくる。年代記全体から考えると、アナキン三部作が扱っているのは、銀河共和国の衰退の時期にあたる。元老院を中心にいろいろな惑星の代表が集まって政治運営をし、ジェダイの騎士が補佐するという体制が千年続いてきて、しだいに求心力を失いつつあった。衰退の陰にシスの存在があり、その陰謀によるというのが鍵となる。通商連合や分離主義者の独立星系連合が台頭して、共和国に離反する者たちがでてくる。フォースがこのように乱れたときに、バランスをとる「選ばれし者」が出現するという願望がジェダイ内部にあった。ミディ・クロリアンの値がヨーダよりも高いアナキンが、その予言にふさわしい者として考えられたのだ。

ライトセーバーによる戦闘はとりわけ、色鮮やかな視覚と、「ブーン」という音響効果とともに印象深く、善悪の対立をわかりやすく訴えてくる。オビ＝ワンは『新たなる希望』で、ルークに父親のライトセーバーを渡しながら、「これはジェダイの騎士の武器だ。光線銃《ブラスター》みたいに、不恰好でも当てずっぽうでもない。もっと文明的だった時代の優雅な武器なのだ」と説明している。伯父のオーウェンが渡すのを反対していたと文句を言っているので、どうやらオビ＝ワンがずっとルークを見守っていたことがわかる。そして、父親のライトセーバーがどのような経過でルークに伝わったのかも考えさせられる。

こうしたライトセーバーを使った戦闘は、アナキン三部作で派手になった。ジェダイの騎士がたくさん登場し、複数の戦いに参加するようになったことと、撮影やデジタル技術の進展で、CGのヨーダと人間が演じるシディアスが戦うといった場面が表現できるようになったせいである。惑星一つを粉々にするという大量殺戮が描写されるかと思えば、他方で一対一の古典的な戦闘があるのが、「スター・ウォーズ」の魅力だろう。あくまでも一対一や一対二といった「決闘」風の戦いが見せ場となるのは、西部劇の決闘場面に近いし、格闘ゲームの「バトル」にも似ている。

エピソード1の『ファントム・メナス』では、BBY32年に通商連合が関税問題にからんで侵攻した「ナブーの戦い」が大きな戦争となる。ドロイド兵を使って封鎖から地上侵攻へと進んでいくが、背後でシスの暗黒卿シディアス＝パルパティーン議員が操っていたわけだが、これはジェダイの騎士を密かに仲介役として送った元老院議長を失脚させるための陰謀でもあった。通商連合側がナブーの王宮を襲い、人質にとったと思った女王がじつは替え玉で、逃げ出した本物とジェダイの騎士たちが救出部隊としてやってくる。グンガン人との和解が成立し、彼らによる攻撃も加わって、通商連合の指導者であるヌート・ガントレイ総督たちが逆に人質にとられてしまい停戦となる。

ここでのライトセーバーによる戦いは、いきなり登場し襲ってきたダース・モールをクワイ＝ガンが迎えうつことで始まる。このときは飛び立つナブーの宇宙船に、クワイ＝ガンが乗りこんで去ったので、一方的に終了した。次にダース・モールが姿を現したのは、女王たちが王宮に乗りこんだところで、扉の向こうで待ち構えていた。このときはクワイ＝ガンとオビ＝ワンの二人が相手をしたのだが、結果としてクワイ＝ガンが殺されてしまい、怒りにかられたオビ＝ワンがダース・モールを打ち倒す。シスもライトセーバーを使うこと、そしてジェダイを狙って襲ってくることが明らかとなる。

十年後が舞台となるエピソード2の『クローンの攻撃』では、「ジオノーシスの戦い」がある。ここは、オビ＝ワンが探り当てた部凛主義者たちのドロイドの工場のある場所で、アナキンとパドメとともにオビ＝ワンも怪物たちによって巨大な競技場で処刑されそうになる。壊滅させるために潜入していたジェダイの騎士二百人が戦いを始めるが、多数のドロイド兵士を相手に苦戦をする。そこにヨーダが、共和国側のクローン兵士を引き連れて救出にやってきて、「クローン大戦」の始まりとなる。だが、その詳細はサーガでは語られず、スピンオフ作品に委ねられた。この棲み分けによって、アナキン三部作ではアナキンがダース・ベイダーとなる過程が物語られる。

ここでのライトセーバー戦は、オビ＝ワンがジャンゴ・フェットと戦うところに出てくるが、相手は賞金稼ぎなので光線銃との戦いとなる。結局息子のボバの操縦する宇宙船でジャンゴは逃げてしまうので、戦いはそれで終了する。二つ目の戦闘は、まずオビ＝ワンとアナキンが追い詰めたドゥークー伯爵と二対一で戦うところで始まる。オビ＝ワンが倒れると、アナキンはオビ＝ワンのライトセーバーを使って二刀流で戦うのだが、やはりドゥークー伯爵に勝てない。そこにヨーダがやってきて、互角に戦うのだが、オビ＝ワンとアナキンに落ちてくる物体を支えている間に、ドゥークー伯爵は自分の宇宙船で逃げ出してしまう。

エピソード3の『シスの復讐』では「クローン大戦」の終結となる「コルサントの戦い」が登場する。首都のコルサントを急襲した分離主義者の勢力にパルパティーン最高議長が誘拐される。この場面は映画では描かれずに、オビ＝ワンとアナキンが奪還するところから始まる。首謀者のドゥークー伯爵をアナキンが倒したことで、クローン大戦が終わりを告げる。さらにウータパウに逃げた残党で、誘拐の実行犯のグリーヴァス将軍をオビ＝ワンが追いつめて殺害することで完了した。

ところが、パルパティーン最高議長が一連の動きを背後で操るシスのシディアスだと知って逮捕に向かったメイス・ウィンドゥは返り討ちにあい、ウィンドゥの殺害に加担したことでアナキンは暗黒面へと完全に落ちてしまう。その後、アナキンはパルパティーン＝暗黒卿シディアスによる「オーダー66」の命令によるジェダイの粛清を手伝うのだ。各地でジェダイが殺され、銀河系の帝国化が完成し、同時にジェダイの生き残りはオビ＝ワンとヨーダだけになってしまう（ただし少数ながら生き延びたジェダイもいたとすることでスピンオフ作品が作られてきた）。

ここでのライトセーバー戦は五回あり、サーガのなかでいちばん華々しい。各地の戦いに参加するジェダイたちもライトセーバーを振り回して大活躍する。ライトセーバーの「赤、青、緑、紫」の色が画面のなかにひらめくのだ。

第一回は、パルパティーン最高議長の救出の際に、ドゥークー伯爵とアナキンとオビ＝ワンの間で起きた。戦闘中にオビ＝ワンが物の下敷きになって気絶し脱落したあと、アナキンが単独でドゥークー伯爵を倒して、最高議長の命令で首をはねる。丸腰の相手を倒したことで、アナキンはジェダイの掟を破ったという倫理的な責めを負うのだ。それに対して最高議長は、すでに母親救出の際にサンドピープルを皆殺しにしただろうと、これが二度目だと気づかせるのだ。

第二回は、オビ＝ワンがウータパウでグリーヴァス将軍と戦うことになる。将軍は四本の手でライトセーバーを操るのだが、一本ずつ斬り落としていく。逃げ出した将軍を追いかけるときに、オビ＝ワンは自分のライトセーバーを落としてしまい、とどめを刺したのは光線銃による。

第三回は、メイス・ウィンドゥが、パルパティーン最高議長が持っている非常大権を奪いに仲間と行くが、返り討ちにあって他のジェダイたちが倒されて一騎打ちとなる。パルパティーンのライトセーバーをウィンドゥが飛ばしたところに、アナキンがやってきて、最高議長を裁判にかけようと提案するが、ウィンドゥは殺害を主張する。振り下ろしたライトセーバーをアナキンが阻止し、最終的にウィンドゥはアナキンに手を斬り落とされ、パルパティーンに逆襲されてしまう。アナキンはシスに従うことを誓い、ダース・ベイダーという名をもらう。

第四回はヨーダがパルパティーン最高議長＝シディアスと戦うことになる。ライトセーバーだけでなく、双方の精神力によって、物を動かして飛ばしあいもする。これによって、元老院議会の内部がバラバラになってしまう。いちばん下へと落下するヨーダの姿が、そのままジェダイの凋落を物語っていた。

第五回が、クライマックスともいえるアナキンとオビ＝ワンによる一騎打ちである。惑星ムスタファーの溶岩採掘施設でおこなわれ、背後に炎が燃えさかり、施設もバラバラになっていくなか、両者が激突する。最後にオビ＝ワンがアナキンの腕を斬り落とし、動けなくなったアナキンの身体が溶岩の炎によって燃えていく。これによってアナキンが終わり心身ともにダース・ベイダーになる。オビ＝ワンはとどめは刺さなかったが、アナキンを倒したといえる。そして、アナキンとパドメの子どもであるルーカスとレイアがそれぞれ養父母のもとへと届けられる。

【サーガの戦いの流れ―ルーク三部作】

十九年を経たルーク三部作では、銀河帝国が皇帝の支配下にあり、片腕としてダース・ベイダーが活躍している。

エピソード4の『新たなる希望』では、同盟反乱軍の戦いのなかで、デス・スターを破壊した「ヤヴィンの戦い」がクライマックスとなる。これはルークが本格的に参戦した戦いであり、同時に亡霊になったオビ＝ワンの言葉でフォースに目覚め、視覚的な誘導ではなくて自分の力を信じてデス・スターの破壊に成功する。そのときの強いフォースのせいで、ダース・ベイダーは後ろから撃ち落とすことができず、結果としてそこから逃げていく。

ここでのライトセーバー戦は、オビ＝ワンとダース・ベイダーの間でおこなわれた。そして、ルークに何かを悟らせるかのように、オビ＝ワンはいきなりライトセーバーを引っ込めて、体の前にそれを垂直に立ててしまう。おかげでダース・ベイダーは楽々とオビ＝ワンの体に斬りつける。もちろんエピソード3の最後でのオビ＝ワンとアナキンの戦いを観た後だと、この戦いの意味合いが変わり、アナキンを死の寸前まで追いやったが、とどめを刺さなかったことへの複雑な思いを反映しているようにもとれる。

エピソード5の『帝国の逆襲』では、前半に氷と雪の惑星ホスでの「ホスの戦い」がくる。これは帝国軍の探査機によって反乱軍の基地が発見され、スノーウォーカーが攻めてくる。防御シールドを発生させるエネルギー施設が攻撃されたことで、反乱軍は撤収を余儀なくされる。そして反撃のチャンスをうかがうのだ。この場面はロケ地のノルウェーの本物の軍隊が参加したせいで、兵士の動きに俳優や単なるエキストラではない緊迫感を伴なっていた。

ここでのライトセーバー戦は、後半のクラウド・シティにある炭素冷凍施設でのダース・ベイダーとルークとの一騎打ちである。オビ＝ワンに鍛えられたと褒めながら、ベイダーはルークを追い詰めていく。そして、父親譲りのライトセーバーを持って戦うルークの片腕がベイダーによって斬り落とされる。このあと有名な「私が父親だ」の台詞が待っているので、ルークの身体が傷つくことと、心の傷とが見事にリンクするのだ。

エピソード6の『ジェダイの帰還』では、「エンドアの戦い」がある。ルーク三部作の戦いを「銀河大戦」と一括するなら、その最後の戦いである。エンドアの月の上に浮かぶ第二デス・スターを破壊するためには、防御シールドを突破しなくてはならない。その動力源がエンドアの月に置かれているので、地上施設を破壊するためにルークやハン・ソロたちが出かける。そして、第二デス・スターは、侵入したミレニアム・ファルコン号などによって、内部のエネルギー装置が破壊されたせいで粉々になってしまう。

ライトセーバー戦はルークとダース・ベイダーの間でおこなわれる。ルークはわざと投降して、出迎えたダース・ベイダーに父親として呼びかけて改心を迫る。だが、ベイダーは拒絶し、銀河皇帝となったパルパティーン＝暗黒卿シディアスの前で戦いを始める。その渦中で、双子の妹の存在が知れたことで、ルークは激怒してしまい、父親の腕を斬り落としてしまう。銀河皇帝が、ルークに父親に代わって自分の片腕となるように誘ったがルークが拒絶したことで、銀河皇帝が放つ稲妻のようなエネルギーで死にかける。その様子を見てダース・ベイダーは、銀河皇帝を奈落の底へと落として殺してしまう。

このようにたどってくると、アナキン三部作の戦争が、表面的には、ジェダイの騎士や元老院が銀河共和国の統一をなんとか維持しようと試みながら、スター・デストロイヤーなどの兵器の本格導入や、クローン兵士などによる軍備化が進んでいったのがわかる。対抗措置としてドゥークー伯爵などの分離主義者がドロイド兵士を導入したことで戦いが拡大する。そして、元老院の最高議長がじつはシスの暗黒卿であり、彼に非常時大権が与えられたために、ジェダイの騎士もその動きに巻き込まれていった。しかも三年続いたクローン戦争の終結による平和の到来こそが、帝国化の完成という皮肉な結末を招いたのだ。さらにルーク三部作では元老院も解散となり、銀河皇帝の支配が完成すると、今度は反乱軍による帝国体制の打倒へと話が移っていく。

この流れのなかで、善と悪の戦いがジェダイとシスとの戦いとして把握され、一騎打ちや一対二のライトセーバーによる決闘が象徴的に置かれた。年代順にエピソードを眺めると、ライトセーバーの戦いがしだいにアナキンとルークの父と子の対決へと収斂《しゅうれん》するように見える。両者の対決こそが銀河系の運命を変えたように見えてくるのだ。

製作された順序だと、ルーク三部作で惑星ダゴバに隠居しているだけのヨーダだったが、アナキン三部作でライトセーバーを派手に振り回しあちこち飛び回り、二十年以上若いヨーダの剣技とスピードのある動きに観客は驚いたのだ。だが、これを年代順で観ると、かつて戦士としても活躍し、銀河皇帝となる前のパルパティーンと対決した人物が、ジェダイの最高会議のメンバーを次々と失ったあとで、九百歳となったあせりと老化が感じられる。このあたりの流れが、ルーカスがエピソード順に観てほしいと主張する根拠なのだろう。

【エピソード7の位置づけ】

戦争とライトセーバーによる戦いに明け暮れたサーガの延長上に、エピソード7の『フォースの覚醒』から新しい三部作が開始されたのだが、注意すべき点がひとつある。新しい三部作では仕切り直しがおこなわれると宣言され、「キャノン(正典)」と呼ばれる「正史」の流れを受けた世界観による物語となる。つまり、これまでルークとアナキンの三部作のサーガ以外のスピンオフ作品で展開されてきた内容や説明の多くが、一度消去されリセットされてしまうのだ。『フォースの覚醒』では、エピソード6との連続性が重要視され、すでに発表された多くのスピンオフの作品とは異なった因果関係の採用が決まっている。その結果、一種の平行宇宙が生み出されることになった。

エピソード7の監督にJ・J・エイブラムスが起用された最大の理由は、どうやら物語の仕切り直しが出来るからのようだ。エイブラムスはテレビドラマのプロダクションを作って活躍し、二重スパイのヒロインが活躍する『エイリアス』(二〇〇一—六)や、漂流ものと謎解きを合体した『LOST』(二〇〇四—一〇)で名をあげた。そしてトム・クルーズ主演の「ミッション・インポッシブル」のシリーズ第三弾を監督したあと、二〇〇九年に、それまで何度となくリメイクや続編が製作されてきた映画版の『スター・トレック』を再出発させた。

新しい『スター・トレック』は、「スター・ウォーズ」好きを公言するエイブラムスらしく、冒頭で父親の犠牲によって出産時の母子が救出され、のちにカーク船長となる主人公が脱出ポッドのなかで誕生する場面を導入し、父の影を強調したものとなった。カークは、優秀だった死んだ父親へのプレッシャーから暴走し喧嘩早く、女性にも目がない若者に育った。それが苦難を経てエンタープライズ号の船長になるまでの話である。ルークやアナキンよりもハン・ソロに近いのかもしれない。

そして、バルカン人のスポックをはじめ、ドクター・マッコイなど、かつて『宇宙大作戦』(一九六六—九)として放送されたオリジナル作品につながる乗組員が集結する。配役を一新したこともあり、あくまでも平行宇宙での出来事とされ、それまでの「正史」とは別とされる。それでも、この映画が成功したおかげで、エイブラムスは次作の『スター・トレック　イントゥ・ダークネス』(二〇一三)も監督した。どうやら、物語を再出発させて次へとつなげるのが得意なのだ。

シリーズ物においては、「リブート」とか「リ・イマジネーション」と呼ばれる再出発によって、途中の思いつきで導入された設定や、煩雑になった過去のエピソードとのつながりや、キャラクターどうしの関係が清算されて「リセット」される。今までとは別な見通しを持つことで、物語の展開は自由度を取り戻す。リメイクなのだが、過去の単純な反復ではない。こうした「リブート」はバットマンやスパイダーマンなどのアクション・ヒーロー物が、映画として蘇る際の共通のやり方となっている。クリストファー・ノーラン監督の『バットマン　ビギンズ』(二〇〇五)のように、出発点を確認するタイトルがつけられる場合も多い。これは過去の映画四部作の前日譚として始まったのだが、続編ができたことで分岐して「リブート」となった。

こうした過去を探るパターンはルーカスと無縁ではない。CGで関与したバリー・レヴィンソン監督の『ヤング・シャーロック／ピラミッドの謎』(一九八五)は、まさに若いホームズとワトソンを登場させて、後のモリアーティとの因縁まで語っていた。ルーカスフィルムが製作した映画インディ・ジョーンズのテレビドラマ版である『インディ・ジョーンズ　若き日の大冒険』(一九九二―三)のように、二十世紀初頭の世界各地を舞台に若いインディが活躍する作品も作っていた。だから、サーガにおいて、ルーカスは、ダース・ベイダーの若いころを見たいという観客の要求にアナキン三部作で応えたわけである。それに対して今度のエイブラムスによる仕切り直しは、エンドアの戦い以降の未来をどう扱うのかにかかっているのだ。

2　サーガとスピンオフの関係

【拡張世界の形成】

すでに多くのスピンオフ作品で、エピソード6以降の主人公たちの運命について、小説やコミックスの形式でいろいろと描かれてきた。たとえば、クラウド・シティで父親に斬り落とされたルークの片腕が発見され、そこからクローンの「ルウウク・スカイウォーカー」が作り出されたとか、ルークの子どもがオビ＝ワンにちなんでベンという名前がつけられたとか、ハン・ソロとレイアの結婚後に生まれたのはやはり男女の双子だった、といった興味深いエピソードや情報が追加されている。他に気になるものとしては、銀河皇帝の身体は滅びたが、密かに保存されていた皇帝のクローンに魂が宿って帝国復活の逆襲をするとか、賞金稼ぎのボバ・フェットも死なずに仮死状態にあって再登場する話もある。魅力あるキャラクターが「じつは死んでいなかった」というご都合主義の展開は、連続活劇にはよくある手だが、サーガのファンならばちょっと覗いてみたくなる設定のエピソードも多い。

しかもスピンオフ作品のなかには、オリジナルだが、サーガに登場させたくなる魅力的なキャラクターや事件も存在する。たとえば、エピソードの2と3の間に起きたクローン大戦で、アナキンのパダワンとして活躍したアソーカ・タノが良い例だろう。時系列からしても、サーガに登場することはなかったのだが、たえずアナキンと活躍するのでエピソードの中心に来ることになる。

アソーカは、アニメ監督が『もののけ姫』（一九九七）のサンからヒントを得たせいで、タトゥーをいれた顔が特徴的だし、弱気になったりする表情も豊かである。それでいて敵のアサージ・ヴェントレスとの戦いなどで、すぐれたライトセーバー術を発揮した。その後ジェダイ最高評議会の誤解によって追放の判決を受け、さらに死刑判決も受ける。真相がわかってそれが取り消されても、傷つき去っていくという過酷な運命が与えられた。ときには単独でも活躍するアソーカはクローン大戦における主要な主人公の一人とみなせるほどの役割を担っている。二〇一四年から始まった『スター・ウォーズ 反乱者たち』にも顔を出し、ダース・ベイダーの正体が、かつての自分のマスターだったアナキンだと知って失神するのだ。

アナキンやアソーカにとっての強敵で、独立星系連合のドゥークー伯爵の仲間となったアサージ・ヴェントレスも、スピンオフ作品に登場する重要なキャラクターである。ダーク・ジェダイからシスになった坊主頭の女性で、アナキンとの戦いにおいて彼の顔の右側に傷をつけたほど、優秀な二刀流のライトセーバー術を持っている。こうしたアソーカやアサージのようなスピンオフ作品で活躍する人物や、ジェダイとしてのアナキンの活躍を描くエピソードが、スター・ウォーズの物語世界に厚みをもたせて、新しい読者や視聴者を獲得してきた。

スピンオフ作品は小説、コミックス、アニメ、ゲームとメディアを超えて多くの人間が関与したせいで、拡張し続けてきたわけだが、今度の仕切り直しで無価値となるかもしれない。とりわけエピソード6以降の話は立ち消えとなる。そこで、これまでの遺産が「レジェンズ（伝説）」と呼ばれ、一種の平行世界と位置づけられた。ルーカスフィルムの生産物には、二〇一二年にディズニーが買収する以前と以降という不連続が生じることになった。版権管理やさまざまな商品化の展開が、ディズニーの企業戦略に組み込まれた。実際、新しいアニメである『スター・ウォーズ　反乱者たち』も、まずはディズニーＤＸという専門チャンネルを通じて公開され、二百四十万人が観たとされる。全国ネットのＡＢＣで放送されたのはその後だった。新しい三部作の実写版のスピンオフ作品もすでに予定されているが、これは従来とは違う時系列の話となる。

今回の仕切り直しは、シリーズの人気の低下のテコ入れというケースではなく、企業買収を経て、どのように文化の遺産継承がおこなわれるかの例である。すでに、ルーカスフィルムのコンピュータアニメ部門が、スティーヴ・ジョブズらに買収されて独立してピクサーとなった。ピクサーは提携していたディズニー傘下の子会社になり、しかも社長がディズニーのアニメ部門の統括をするようになった。このように映画産業が吸収合併の歴史を繰り返してきたのは、大映が角川映画となり、コロンビア映画やＭＧＭがソニー・ピクチャーズになっていることでもわかる。そのたびに過去の遺産をどのように利用するのかに関して新しい企業戦略が組まれ、リメイクやリブートや流用が試みられる。

ディズニーは、今回配役を一新しただけでなく、活躍するドロイドを追加した。従来のＣ–３ＰＯやＲ２–Ｄ２の二体に加えて、球体が回転して進むＢＢ–８を採用した。このドロイドは予告映像の動きから完全にＣＧによって映像化されたと思われていたのだが、なめらかに動く実機があり、人前に公開された。どうやら三体のドロイドが活躍する話となったことで、ルーカス版の「スター・ウォーズ」とは別の方向へと分岐していくのだ。

仕切り直しの結果として、複数の結末や複数の運命が並列しても、多くの人はすでにゲームにおけるマルチエンディングを受け入れているので困らない。極端な場合には、片方の物語で生きている人物が、他方の物語では死んでいる設定も矛盾なく受け止めることができるのだ。ゲームの選択肢として運命が描かれると、キャラクターたちは平行宇宙の住人と理解される。もちろん全体の軸はあくまでも映画版のサーガにあり、新しい三部作からスピンオフした作品も、結局はその歴史の流れに従属する。今のところ『フォースの覚醒』に基づいたスピンオフの新作は存在していないので、本書ではすでに発表された「レジェンズ」に属するスピンオフ作品だけを考えていくことにする。

【サーガとスピンオフの応答】

「スター・ウォーズ」の拡張世界は、共通の世界観のなかでさまざまな物語が書かれる「シェアード・ワールド（共有された世界）」の代表となった。スピンオフ作品が次々と作られたのは、映画の観客やファンの期待に応えて小説やコミックスにおいて、物語を分節化して細かなエピソードを描きこんでいったせいだ。不明に思えた背景や事件が説明され埋められていく。それに、アメリカン・コミックスのように、ひとつのキャラクターに対して、複数の作者がシナリオを持ち寄って、複数の画家の手によって、物語が作られるのは珍しくない。ルーカス自身も、第一作目からマーベル・コミックスにタイアップのコミックスを連載してもらうように交渉できたのを喜んでいた。最初は印税なしの措置だったが、これによりデル・レイ・ブックスがその後の関連本の版権を持つことになった。これなどは当時の映画会社の重役たちには理解不能なことでルーカスの戦略勝ちとなったのだ（『スカイウォーキング』）。

しだいに全体の空白が埋まっていくと同時に、さらに新たな空白が発見され、集まったエピソードやキャラクターは膨大になっている。ルークという子からアナキンという父の詳細が生み出されたように、多くが過去に戻る形で「逆形成」されてきた。ルーカスですら全貌を把握していないとされる。一人の作者の手を離れて、「スター・ウォーズ」の作品群が形成されてきた。それは「ウィキペディア」だけでなく専門の「ウーキーペディア」や「スターウォーズの鉄人！」といったサイトを見ても、多量の情報が収集し整理されている。とりわけ英語版では万単位の項目が並んでいて、それが「スター・ウォーズの世界」となっている。

しかも、スピンオフ作品が一方的に作られるだけではなくて、新しいキャラクターをスピンオフ作品である程度活躍させてから、サーガへとデビューさせる場合もあるのだ。そのせいで人物関係や事件の因果関係が複雑になってきた。たとえば『ジェダイの帰還』で、反乱軍を率いる魚のような顔をしたアクバー提督はコミックスの出身で、一種の人気投票を経てから採用されている。おなじみになったキャラクターが活躍するのを喜ぶファン心理をくすぐるだけでなく、今度は映画からコミックスへと戻って読むことを誘うのだ。まさにメディアミックスの戦略で、ルーカスはこうした許可を受けた商品による利益を第一作目から考えていた。その方針がスピンオフ作品を作りやすい状況を生み出している。

作品の題材や出来事があまりに多岐にわたってきたので、物語内の歴史の流れを整理する必要が出てきた。ルーク三部作のノベライゼーションが二十五周年版として編纂されたときにも、小説やコミックスの時系列が整理された。『新たなる希望』を起点にして、五千年前の「シスの失われた部族」というシリーズから始まり、ＡＢＹ43年の「ジェダイの運命」のシリーズまでが入っていた。さらに全体を考慮した歴史教科書の体裁をとった『スター・ウォーズ・クロノロジー』とその改訂版である『スター・ウォーズ全史』が編まれた。そこでは共和国以前のBBY十万年から、ABY36年までが扱われ、一種の「正史」として全体のエピソードの関連がわかるようになっている。

スピンオフ作品では、ハン・ソロとチューバッカの生い立ちや活躍を描くといったキャラクター別の個人史が追及されただけではなく、年表に大文字で記載されるような政治的な事件が新たに創作され取り入れられた。ルークたちの時代よりも五千年前の「ハイパースペース大戦」とか、四千年前の「シス大戦」や千年前の「新シス大戦」があとから生み出されて説明が加えられる。それがもたらした因果がずっと続いているとされる。

「ハイパースペース大戦」は、銀河系内の一種の高速道路といえるハイパースペースを探検していた兄妹が、シス帝国を発見したことで、当時の銀河共和国との間に起こった戦争である。つまりシスを別系統の種族として発見し、同時に銀河系における対立が、ずっと続くものとして描かれるのだ。このハイパースペースというのが、ワープをするときの重要な道しるべとなっている。そして「シス大戦」や「新シス大戦」はシスとジェダイの戦いであり、千年前の戦いで銀河共和国の統一がなされ、このときにシスが滅ぼされたと思われていた。ところが、エピソード1でダース・モールが登場して、シスが千年にわたって生きていたことがジェダイたちに驚愕を与えた。その理由をさかのぼって説明するエピソードが作られてきたのだ。

こうした過去の戦争の導入によって、ジェダイがフォースを操る唯一の存在ではなくて、暗黒面を利用するシスによって地位がゆらいだり、アサージ・ヴェントレスのようなダークな面を持つジェダイが登場することも納得がいく。しかも、ドゥークー伯爵やダース・ベイダーのように、元ジェダイというシスもいる。このように、シスとの関連については、スピンオフ作品で深く掘り下げられた。千年前の再統一以降の銀河共和国の歴代の最高議長の名前や任期の情報が埋められることで、年代記はもっともらしさを獲得した。過去からの因縁や因果がスピンオフ作品によって描かれ、それがサーガに厚みを与えている。

【ボバ・フェットの系譜】

アナキンが「処女懐胎」で誕生した以上、スピンオフ作品でエピソード1以前に冒険をするのはスカイウォーカー家とつながる人々ではない。スカイウォーカーという苗字がどこからきたのかはサーガでは謎のままで、シミ・スカイウォーカーの系譜をたどるしかないし、父親の系譜は当然ながら空白となっている。もちろんスピンオフ作品群の情報を知らなくても、サーガの全六作を鑑賞して理解できるわけだが、年代記において千年前とか一万年前の出来事が登場したことで、スカイウォーカー家をめぐる話さえも、この銀河系や銀河共和国の歴史のエピソードのひとつとして相対化されてしまった。

では、サーガそのものに登場するなかで、スカイウォーカーの系譜を相対化する要素は何かといえば、賞金稼ぎのボバ・フェットをめぐる一連の展開だろう。『帝国の逆襲』でダース・ベイダーは賞金稼ぎたちを集めて、ハン・ソロたちの行方を探させるために利用したのだが、ボバはルーク三部作のなかではいつも金属のヘルメットをかぶっていて素顔を見せない。だが、しだいにサーガ全体で大きな役割を持つようになっていった。

最初はスピンオフ作品であるテレビ番組の『ホリデー・スペシャル』内のアニメで登場した。そしてエピソード5の『帝国の逆襲』では、ハン・ソロを追いかける賞金稼ぎとして姿を見せ、スター・デストロイヤーがワープ前にはゴミを捨てるという習性を利用してミレニアム・ファルコン号が逃れたトリックを見破って、ゴミに隠れていてその後追跡したのである。その情報によってクラウド・シティにダース・ベイダーが先回りをすることができた。ベイダーと取引をして、炭素冷凍になったハン・ソロを、賞金を懸けていたジャバのもとへと運んだのもボバである。

そして、『ジェダイの帰還』では、ルークとの戦いの間に、あえなく砂漠の大穴に棲息する肉食植物のサーラックの口のなかへと飲みこまれてしまい、そのまま死んだと思われた。サーラックは千年かけて消化するので苦痛が千年続くとされる。ルーク三部作だけだとボバは賞金稼ぎとしての人生を全うしただけに見える(もっとも、サーラックのなかで仮死状態で生きていて、その後活躍するというスピンオフ作品もある)。

ところが、ボバの位置づけはアナキン三部作で大きく変わった。エピソード2の『クローンの攻撃』で、賞金稼ぎである父親のジャンゴ・フェットがオビ＝ワンと戦い、さらにメイス・ウィンドウに殺されたことを目撃して、ジェダイたちに復讐心に燃えたのが少年のボバだった。しかもボバは、父親のジャンゴが自分の分身として作ったクローンであり、多数のクローン兵士の原型となっている。ボバは単なる賞金稼ぎの一人から、ハン・ソロのライバルだったという設定さえ与えられ、サーガのなかでもクローン兵士として増殖されている。食堂にずらっと並ぶ同じボバの顔をした兵士の姿が不気味である。

　このように設定が加えられたことで、スカイウォーカー家をめぐるサーガの流れの脇に存在するフェット家の物語がしだいに明らかになっていく。しかも父と子の関係を描く別タイプの物語が展開していた。アナキンとルークが片腕を失って機械を移植したサイボーグの系譜だとすると、フェット家はクローンで増殖する者たちなのだ。もっとも、パルパティーンはクローン戦争の終結とともに、共和国軍のクローン兵士の使用を停止した。そのためボバの同類たちの活躍はなくなり、ルーク三部作では父のジャンゴの後をついで、賞金稼ぎとして暮らしているのだ。それにしても、フェット家の人気のせいか、父親のジャンゴを主人公にした『スター・ウォーズ　バウンティ・ハンター』というTVゲームが二〇〇二年に発売されたほどである。

　スピンオフ作品におけるこうした周辺的な人物の出し方は、たとえば十九世紀のフランスの自然主義作家のエミール・ゾラが、ルーゴン＝マッカール叢書で試みた手法のようでもある。全体として独立したエピソードや物語でありながら、関連づけをすることによって、ひとつの世界を描いているように見える。ある物語の主人公が、別の物語では脇役になったり、カメオ出演させることを通じて、複数の物語が同時に存在し、ひとつの社会を作っているように感じさせるわけだ。進化論に影響を受けたゾラは、実験小説として当時のフランスのすべての階級を描くようにキャラクターの関係をシミュレーションしたわけだが、ルーカスの作った銀河系もそれ自体が一種のシミュレーションの場として、さまざまな物語に舞台を提供している。

　新しい展開といっても、ルーカスによるもともとの物語に含まれていた可能性をそれぞれの作家や表現者が探った結果の集積に他ならない。共和国軍が最終的に負けて帝国の支配が続くといった大逆転こそ起きないが、ハン・ソロとチューバッカはどこで出会ったのか、ソロはどんな恋をしたのか、といった作品が発表されてきた。ルーカスは「ソロは孤児で、ウーキー族に育てられ、チューバッカと友達になった」とそっけなく述べていたが、それを肉付けたのだ。ソロが緑色のモンスターという設定も初期にはあったのだが、コンセプトを描く画家やイラストレーターの手によって、造形化され映画に表現されると、今度はハリソン・フォードに似せたキャラクターがコミックスや小説のなかで活躍することになる。こうした循環を通じてキャラクターが観客にとって忘れられないものとなっていく。

冒険にとって年代記とともに必要なのは、位置を確認できる地図である。それぞれの恒星や惑星の位置関係については、一枚のマップが作られた。中心部のディープ・コアから始まって、同心円状に星が配置され、コア・ワールド、コロニー（植民地）、インナー・リム（内縁部）、エクスパンション・リージョン（拡張領域）、アウター・リム（外縁部）があり、その外にはアンノウン・リージョン（未知の領域）やワイルド・スペース（荒野の空間）が広がっている。

首都惑星のコルサントは「コア・ワールド」に属し、そこに向かうハイパードライブのルートが伸びている。ハン・ソロの生まれたコレリアも、レイアが育ったオルデラーンも同じ「コア・ワールド」に属する。そして、パドメのナブーや、チューバッカの育ったキャッシークは「アウター・リム」に属する。それに対して、アナキンとルークのタトゥイーン、クローン技術を開発したカミーノ、クローン戦争の発端となったジオノーシス、ヨーダが隠居したダゴバ、デス・スターが建造されたヤヴィン、反乱軍の基地があった氷の惑星のホス、第二デス・スターが建造されたエンドアはすべて、「ワイルド・スペース」などと呼ばれるまさに銀河の辺境に属すのだ。

ルークは帝国対反乱軍のニュースは知っていても目撃することはなかったが、友人たちと「トシ・ステーション」から空を見上げて、スター・デストロイヤーがオルデラーンの外交使節船を襲うのを目撃する。そしてドロイドたちと出会うのである。この目撃ショットは撮影されたのだが、映画全編の関係から丸ごとカットされてしまって、現在のサーガには含まれていない。だが、地理的関係から言っても、いかに辺境なのかはわかるし、それが「スペースオペラ＝宇宙西部劇」にふさわしいのだ。

こうして徐々にルーカスが思い描いていたスター・ウォーズの「銀河系」全体の姿が観客にも見えてきた。そして、年代記と地図という時間と空間の広がりを保証する情報が与えられたことで、さまざまな断片から一種のパロディや二次創作がおこなわれ、ファンの興味を掻き立てたのだ。

3　スピンオフ作品の魅力

【エンドアの戦いとイウォーク】

最後に、スピンオフの全貌は無理でも、そのなかでサーガとの関連で注目すべき映像作品のいくつかに触れておこう。数あるスピンオフ作品のなかでも、ファンにとってあまり触れたくない「黒歴史の作品」とみなされているのが、一九七八年十一月にＣＢＳテレビで放映された『スター・ウォーズ ホリデー・スペシャル』である。当時のお金で百万ドル以上の予算をかけた二時間の特番である。

まだエピソード4しか上映されていない段階に構想されたので、舞台設定はAYB1年の出来事とされる。ハン・ソロとチューバッカがウーキー族の故郷のキャッシーク星へと帰るところから始まり、種族の「生命の木」に関する「生命の日」の祭りが主軸となる。それに絡む形でルークやレイアも登場する。ファミリー向けとして、いたずら盛りのウーキー族の子どもを登場させたり、歌や踊りのショーも入り、さらにアニメも挿入された(ボバ・フェットが顔を見せた最初となる)。

全体が一種のバラエティー番組であり、『スター・ウォーズ』のような緊迫した展開が描かれたわけではない。最後には、「生命の木」に関する祭りで盛り上がって閉じている。シリアスなファンには評判がよくないが、その後スピンオフが作られるときの方向性がすでにあった。家族向け(子ども向け)のために、子どもを登場させたり、アニメ化することが試みられる。全員が歌や踊りで盛り上がるのも、『ジェダイの帰還』の最後に採用されて、映像化された。しかも特別篇では、オリジナルの歌が加えられ、銀河中の人々が喜んでいる場面になった。

この『ホリデー・スペシャル』以降、数多くのスピンオフ作品が作られたが、なかでも子どもたちに人気を博したのが、ガス状巨星エンドアを回る月の住人であるイウォークの話だろう。『ジェダイの帰還』で登場したエンドアの月には、大きなテディ・ベアのようなイウォークが暮らしていた。彼らは狩猟民族で、大きさは人間の子どもほどだが、実際には成人である。帝国軍のスピーダー・バイクから放り出されて気を失ったレイアと、最初に出会ったのはウィケットだった。シールドの動力源を襲うときに、イウォークたちの戦力が大いに役に立った。

十一歳でこのウィケットを演じることになったウォリック・デイヴィスは、身長が伸びないという障碍をかかえても俳優として成功し、後にルーカス原案製作でロン・ハワードが監督を担当したファンタジー作品の『ウィロー』(一九八八)では主役を演じた。(★3) そしてイウォークのウィケット・W・ウォリックという名前における苗字が、デイヴィスから採られたのだ。

動くテディ・ベアを連想させるイウォークに関連して、二本のテレビ映画とアニメシリーズが作成された。テレビ映画として本格的に作られたのが、『イウォーク・アドベンチャー』(一九八四)と『エンドア/魔空の妖精』(一九八五)である。

『イウォーク・アドベンチャー』は、「旅」を原型とするファンタジーの定式にいちばん依拠した作品とされている。墜落した宇宙船の中に乗っていた一家の両親が怪物にさらわれる。残された兄と妹がウィケットの父親に助けられ、さらにウィケットたちとイウォークの一行と怪物にさらわれた両親の救出と怪物退治にでかける。その「キャラバン」の出発にあたって、呪術師がメンバーに持っていくように与えた品物(アイテム)が当初はつまらなく見えるが、冒険の要所で役立つというのはRPGのゲームのようである。そして、それぞれのメンバーの働きとアイテムの活用で一家を無事救出する。

続編である『エンドア/魔空の妖精』は、イウォークの村が突然魔王と魔女に襲われて、皆殺しにされて、一家の妹のシンデルとウィケットだけが生き延びる。彼らは逃げていくなかで、ノアという老人のペットに助けられ、さらに気難しいノアと知り合いになる。魔王はシンデルの一家の宇宙船から盗んだエネルギー源から力を得ようとしたが、失敗したので、ノアたちを使ってエネルギーを解放しようとする。どうにか魔王たちを退治したあと、エネルギー源をノアが乗ってきた宇宙船にはめることができ、シンデルはそれに乗ってウィケットたちと別れて空に戻っていく。この二作は銀河共和国の正史とは直接関与しない小さな出来事であって、サーガにすくい取られることのないエピソードである。

イウォーク人気のせいで、さらに一九八五年から翌八六年にかけて、三十五のエピソードからなるイウォークたちが冒険をする『イウォーク物語』というアニメーションが放送された。「イ・イ・イウォーク」という印象的な主題歌とともに、若いウィケットや族長の娘ニーサなど四人の子どもを中心に、さまざまな冒険が描かれた。たとえば第一シーズンでは、イウォークを倒そうとする魔女モーラグが登場し、死者を復活させたり、干ばつを引き起こしたり、イウォークの魔力を伝えるサンスターを盗もうとやってくる。そのたびに、彼らの住まいであるブライト・ツリー・ヴィレッジを守るためにイウォークたちが活躍する。「光の木」のように、ウィケットたちが『イウォーク・アドベンチャー』のような冒険の旅をするエピソードもある。この『イウォーク物語』と同じ趣向で、R2-D2とC-3POのコンビが次々と新しい主人につかえるという『ドロイド物語』も作られた（どちらもエピソードの抜粋版がDVD化されている）。

森林に覆われたエンドアの月は、その後スピンオフ作品でも舞台になることが多く、ウィケットがパルパティーンと関わり合いを持ったり、別の「エンドアの戦い」が過去にあったとされる。このように、スピンオフ作品では、サーガに出てきた場所を他のエピソードの舞台に利用することで、歴史的な意味づけをし、それだけなじみ深い空間へと変えていくのだ。エンドアの月とイウォークは、子どもたちに「スター・ウォーズ」の人気を広げる有効な働きをしたのだし、当時アニメを見た子どもたちが、その後のアナキン三部作の観客にもつながっていった。

【クローン大戦を描く】

父親のアナキンが亡くなったのはクローン大戦においてだった、とルークは伯父夫婦から聞かされていた。『新たなる希望』で、アナキンが「ジェダイの騎士」で「見事なパイロットだった」とオビ＝ワンは語る。クローン大戦は、エピソード２『クローンの攻撃』とエピソード３『シスの復讐』の間に起きた三年間にわたる戦争である。サーガで描かれたのは、発端となった「ジオノーシスの戦い」と、その三年後の終結にあたる分離主義者のドゥークー伯爵と将軍グリーヴァスの死であった。

しかもその終結は旧共和国が帝国へと変わることにもなったので、クローン大戦がどのように進行したのかへの関心と、『クローンの攻撃』で始まったアナキンとパドメの関係の進展が興味の対象となる。サーガが描かなかった戦争の因果関係が、細かなエピソードに分割されてアニメ化された。一話が二十分程度でも、合計すると全体は映画よりも長くなるので、それだけ豊富な話題が描けるのだ。そして人物間の因縁や出来事の詳細がわかると、サーガの細部が面白く読み解けるようになる。

二〇〇三年から五年にかけて放映されたのは、二十五話からなる２Ｄアニメの『スター・ウォーズ クローン大戦』だった。ロシア出身のゲンディ・タルタコフスキーが全面的に動きや構図を決めた。とりわけ戦闘場面において、動きを誇張し、残像を利用したライトセーバー戦に特徴がある。色彩も単純化され、２Ｄアニメだからこそ可能な目にも鮮やかなヨーガのライトセーバーさばきも見られるし、横スクロールの移動なども。これはタルタコフスキーが参加した「パワーパフガールズ」での動きの省略などの技法が取り入れられた成果だろうし、戦前からのアメリカのアニメがスピードを重視してきた伝統に則っている。サーガのリアリズム志向とは描き方の方向性が別で、分離主義者とインターギャラクシー銀行のつながりなどシリアスな題材を扱っている。これは、『イウォーク物語』や『ドロイド物語』のような子ども向けのファンタジー色の強い展開とは異なる。

「クローン大戦」はついで3Dアニメとなった。二〇〇八年に第一話にあたる『クローン・ウォーズ』が劇場公開された。これはサーガの3D化も予定されていたことを反映してか、立体的な空間把握が取り入れられているし、人物造形それも男性の顔はとくに細長く粗削りで、ヨーダもジャバ・ザ・ハットも輪郭が鋭角的に描かれている。エピソードの軸となったのはジャバ・ザ・ハットの息子の誘拐事件で、アナキンと彼のパダワンであるアソーカが解決する。これによって、ルーク以前にジェダイの騎士とジャバ・ザ・ハットが深く関わり、彼らの能力を知っていたことになる。『ジェダイの帰還』で、部下がルークに心理を操られて、住居に招き入れたのをジャバが怒ったのも当然かもしれない。

その後のエピソードは、テレビ版の『スター・ウォーズ／クローン・ウォーズ』へと受け継がれた。アナキンがパダワンのアソーカを成長させつつ活躍したり、元老院議員としてのパドメといっしょに問題を解決する話もある。なかには、アソーカが単独で活躍し、予知夢にうなされたせいで、パドメの暗殺を未遂に終わらせたり、通商連合の引き起こした誘拐事件を解決したりする。

すでに述べたようにアソーカの運命は波乱万丈であって、シーズン5の第20話「ジェダイの過ち」では、ジェダイ最高評議会によって裁かれることになる。追放処分を言い渡される場面だが、3Dアニメの特性を活かし、裁きの場へと下からせりあがっていくアソーカのようすが立体的に浮かび上がるが、これは2Dアニメでは平板になっただろう。そして、パダワンを信じてかばおうとするアナキンの姿があった。こうしたスピンオフ作品によって、アナキンの魅力が表現されるとともに、アソーカの処分などを通じて、段階的にジェダイ最高評議会へと懐疑を持つようすが描き出されるのだ。

しかもサーガではエピソードごとに時間がジャンプしていたのに対して、スピンオフ作品は、時間を分割して戦闘だけでなく日常のようすを事細かに描いたり、物語の進行を停滞させたエピソードを付け加えることが出来る。シーズン3の第1話の「トルーパーへの道」のように、どれもおなじボバ・フェットの顔をしているのでナンバーで区別されるクローン兵士たちどうしの葛藤や士気向上を描いたエピソードなどは、サーガに取り入れるのは無理だったろう。こうした日常的な細かなエピソードは、「スター・ウォーズ」的興奮をずっと味わいたいと願う視聴者にはたまらない魅力を持つと感じられるが、「現実逃避」ととらえる論者からすると同じパターンの繰り返しで見る者の感覚をマヒさせるとして批判の対象となる。

進行が停滞する例としては、シーズン6の第11話の「声」がある。そこでは、クワイ＝ガンの霊がヨーダに声をかけてきて、惑星ダゴバへと来るようにと誘う。ヨーダが声を聞いたときに、オビ＝ワンたちは気配を何も感じないので、ヨーダは検査をするために病院に入れられるのだが、ダゴバへと呼ぶメッセージに応答するために病院から抜け出す。そこでジェダイたちが殺されるヴィジョンを見る、といった具合だ。これだけの内容なら、サーガのいくつかのショットで話が済みそうだが、そこをたっぷりと描くのがテレビシリーズの役目である。ここでファンを喜ばせたのは、ヨーダの脳内構造が透けて見えるレントゲン写真が登場したことかもしれない。

そしてダゴバへはR2‐D2もヨーダと一緒に行くので、『帝国の逆襲』でダゴバをルークと訪問したのは最初ではなかったことになる。しかもヨーダが病院を抜け出す手助けをしたのはアナキンだった。こうして少しずつアナキンの重要性や活躍が増していくのだが、いずれにせよ、スピンオフ作品で、視聴者はアナキン・スカイウォーカーへと感情移入をしてしまい、ますますサーガ全体を「ダース・ベイダーの悲劇」として理解してしまうことになる。

『スター・ウォーズ／クローン・ウォーズ』は全体が一二九話でシーズン8までの予定だったのだが、現在はシーズン6のところで製作や放送が止まっている。映画のエピソード7が始動したせいで、続編を見合わせているとされる。ひょっとすると、仕切り直しが入るかもしれない。未発表のエピソードの一部がコミックスや小説の形で発表されているが、クローン大戦の終結へ向かうという大筋は守られるはずなので、全体の流れに変化はない。だが、製作中止によって矛盾が生じても、例によって「帝国によってこの時期の記録が破棄されたり書き換えられた」というもっともらしい理由によって、前後の矛盾や独自の設定が修正されるのだろう。

エンドアとイウォークをめぐる作品が八〇年代前半の「スペースオペラ＝現実離れした子ども向け番組」というマーケティングに則って製作されていたのに対して、「クローン大戦」を扱う二十一世紀のアニメ群には、政治的な対立や陰謀がより踏み込んだ形で描かれている。もはや主人公は子どもではないし、敵も魔女や魔王といったファンタジーの登場人物ではなくなった。敵はドゥークー伯爵を中心とした独立星系連合の政治的な人物たちであり、パルパティーンや元老院議員たちも活躍する。まるでワシントンの政治劇のように、陰謀や敵対関係が複雑に絡んで全体が進んでいくのだ。

【反乱軍の物語】

スピンオフ作品のなかでも二〇一四年からテレビ放送されている3Dアニメの『スター・ウォーズ反乱者たち』は、反乱軍の形成に光を当てている点で異色である。現時点ではシーズン2までしか放送されていないので全貌はわからない。だが、主人公のエズラは盗みや詐欺で暮らしていた孤児であり、今までの主人公とも異なるタイプの反逆児の設定となっている。たまたま「ゴースト」という帝国への反乱者集団と同じ品物を狙ったことから、いつしか仲間へと入ってしまう。フォースを感じることができる力を持つエズラが、ゴーストのリーダーであるジェダイのケイナンの弟子となって鍛えられていく話である。

これは、ルークともアナキンとも異なる観点から「スター・ウォーズ」の世界を眺めることになる。最終的にエズラが反乱軍の一角を占めるようになり、ジェダイとして目覚めて成長することが予想できる。しかもケイナンがエズラを鍛える役割や自分の能力に懐疑的なのが新しい。ルークを鍛えたオビ＝ワンもヨーダもその点での苦悩を持ってはいなかった。つまりジェダイの師弟関係に新しい側面が描かれることになる。

なぜなら、サーガに出てきた反乱軍は、すでに戦闘の準備が整った兵士たちであった。けれども、ハン・ソロやランド・カルリシアンのような密輸業者やいかさま師も参加するわけだから、エズラたちにも参加資格がないわけではない。もっとも、ソロもランドもサーガで描かれるのは、あくまでも反乱軍に参加したあとで、それ以前の非合法の「活動」はスピンオフ作品で描かれていた。

そういう意味で『スター・ウォーズ　反乱者たち』にはスピンオフ作品の作られ方の特徴が出ている。ルークともアナキンとも異なるヒーローの視点を盛り込むことで、帝国軍への抵抗にもさまざまなやり方があると理解できる。パドメ女王やレイア王女が登場するような話ではなく、もっと平凡な人間たちの物語という視点も必要となる。そして、ジェダイに関しても、ゴーストのリーダーであるケイナンも自分が未熟であって、エズラをきちんと導けるかについて不安を抱えている。それは「オーダー66」によってジェダイの大部分が抹殺され、仲間も乏しいなかでの反乱軍の形成ともつながっていく。つまり、よりテロリストやゲリラに近い描き方なのだ。

おなじみのキャラクターたちを主人公に登場させてスピンオフ作品を作るのとは違う方法論に基づいている。イウォークの系譜のような子ども向けの世界でもなく、「クローン大戦」をめぐる誘拐や裏切りといったさまざまな権謀術数を描くものでもなく、むしろローカルな組織がどのような戦いをして参加していったのかを浮かび上がらせる内容である。そして、サーガでスカイウォーカー家を中心とした「正史」に対して、ボバ・フェットの家系の話が作られたように、スピンオフ作品によって複数の視点がからむことで、視聴者が異なる見方を採用でき、全体の歴史に対して新しい捉え方が選べるのだ。

【サーガやスピンオフ作品内の変化】

一九七七年以来、サーガとスピンオフ作品はずっと作られてきた。エピソードの書き手たちによって、事件や戦いの背後関係やキャラクターの心理状況や過去がさまざまに描かれ、新しい要素も導入されてきた。その間に、当然ながら描き方そのものも変化している。小説家や映像表現者の個性だけではなく、社会の合意や価値観が移り変わったせいである。

第一の目立つ変化は、戦いの担い手が男たちだけではなくなったことである。これは明らかにアメリカでの働く女性たちの意識と立場の変化と関連する。しかも世界市場に販売する文化商品である以上採用せざるをえなかったはずだ。一九九九年に始まったアナキン三部作とそれに付随するスピンオフ作品において、女性の役割は広がった。パドメは影武者を立てているせいで自由に行動し、戦闘にも参加する。そしてジェダイの騎士にもシスの側にも、ライトセーバーを振り回す女性たちがいる。賞金稼ぎにも、パドメの命を狙ったザム・ウェセルのような女性がいて、ジャンゴ・フェットの相棒となっている。こうした女性の役割の拡張は、アメリカのベビーブーマーたちが社会進出するなかで、男女が対等になろうとした成果でもある。とりわけイラク戦争で前線に女性兵士が配属されるようになったことで、戦う女性像は日常化してきた。

第二の変化は、人種的・民族的にも多様になったことだ。当初はルークを白人の男性以外にする考えもあったのだが、結局は『新たなる希望』で中心に白人の男女がいるようになった。これは映画会社のマーケティングの方針からであった。ウーキー族のチューバッカが登場してはいるが、せいぜい咆哮するようなウーキー語を話すだけだった。ジャワ族やモス・アイズリー港に出入りする異星人たちの多くも、あくまでも「共通言語＝英語」をしゃべれない異民族という扱いだった。それが『帝国の逆襲』では、ヨーダやランド・カルリシアンの登場で多様化してくる。アナキン三部作ではさらに、ジャー・ジャー・ビンクスをはじめ多くの異形のキャラクターたちも主要人物として登場する。ジェダイ最高会議のメンバーはもはや人間種だけで成立してはいない。世界市場をにらんで生物の多様性を取り込もうとした結果だった。

第三の変化は、アナキン三部作において、テロリズムや誘拐が話の中心に取り入れられたことである。パドメ元老院議員の船が破壊され替え玉が死亡し、さらに暗殺未遂事件が起きる。共和国内部にある不穏を表現しているわけだが、製作意図は別にして、観客のなかで9・11の後のアメリカ社会が抱えるテロや暗殺への不安と結びつくのは間違いない。二〇〇五年の『シスの復讐』で、誘拐事件が解決すると、首都惑星コルサントでジェダイ殺害のクーデターが起きる。そして、元老院の議場を舞台に、パルパティーン最高議長＝暗黒卿シディアスとヨーダが戦い、議員を乗せる円盤が次々と破壊されるところに、統一の崩壊が具体的に描かれている。銀河共和国が中心から解体する様子が図像的に表されているのだが、首都ワシントンにあり、アメリカの軍事的中心となっている国防総省の建物であるペンタゴンの一角に旅客機が突入した図も連想させるのだ。

第四の変化は、アナキン三部作でのドロイドやクローンといった生身の人間ではない兵士たちが大量に登場したことである。それはCGによるVFX（視覚効果）の発達で、実現が可能になったのだが、オビ＝ワンたちがライトセーバーでドロイド兵士の首を飛ばしても、「殺人」というリアリティを感じなくなった。これは物量として把握され、個性を持たない他者の表現ともなっている。機械と人間との関係に関していろいろな出来事を通じて描いてきたサーガ内で、「クローン戦争」そのものはルーク三部作で予告されていたが、人間を複製するクローン兵士は二つの三部作の意味合いを変える存在となっている。もしもエピソード1からルーカスが映画製作をしていたのならば、技術的な制約もあって、ドロイド兵士やクローン兵士をたくさん描けなかっただろうから、二つの三部作がこれほど対照的にはならなかったかもしれない。

サーガ内のこうした変化がアメリカの社会や価値観の変化とどのように結びついているのかに関しては、もっと細かな検討が必要となる。そこで、第2部では、サーガでの順序とは関係なしに問題点を論じることにする。それがサーガとその背後にあるスピンオフ作品に、別の角度から理解する手がかりを与えてくれるはずである。

(★3)ロン・ハワードは、『ダ・ヴィンチ・コード』やアカデミー賞をとった『ビューティフル・マインド』で知られるが、いろいろな点でルーカスの衣鉢を継ぐ監督である。子役あがりで『アメリカン・グラフィティ』の主演の一人としてルーカス作品に顔を出した。南カリフォルニア大学映画科の後輩でもあり、監督に転身してからは、『ウィロー』のようなファンタジーだけでなく、テクノロジーと人間について考える『アポロ13号』や、スピードと車というルーカスの高校時代の趣味を扱ったような『ラッシュ／プライドと友情』を作る。そうしたなかで、VFXを巧みに取り込んだ映画を確立している。

第2部　あまりにアメリカ的な物語として

第4章　帝国から共和国へ

1　アメリカの叙事詩として

【神話や叙事詩を探すアメリカ】

サーガ全六作とスピンオフ作品は、映像作品だけでなくさまざまなグッズやキャラクター商品とともに受け入れられたせいで、いつでもどこでも通じる普遍的な物語だと理解されている。世界中に熱狂的なファンがいるのが何よりその証拠というわけだ。『スター・ウォーズ』以降では映画のあり方が変わり、私たちはその世界を生きているのでなじみ深いし、その価値を疑うことはない。けれども、ジョージ・ルーカスがアメリカの監督である、という事実を忘れるわけにはいかない。世界に普遍的に通じる物語に思えるサーガ全体が、アメリカ史を描き直した物語である点を確認していきたい。

私たちは、映画六作品を一括して「サーガ」とか「叙事詩《エピック》」と呼ぶ、映画会社がつけた謳い文句を当たり前だと思ってきた。そのため、この本でも全体を呼ぶときに「サーガ」という総称を採用している。日本製のゲームにも、「ロマンシング・サガ」とか「ゼノサーガ」といったタイトルの作品があるのだが、壮大なファンタジーを示す名称でしかない。ところが、アメリカの文脈で考えるならば、「サーガ」や「叙事詩」という表現自体に、建国以来の歴史や民族や国家に関する思惑が絡んでいると気がつく。その違いを無視して、日本でも同じように受け止めてよいのかは多少疑問がある。

そもそも「サーガ（サガ）」という語は、十二、三世紀にアイスランドで書かれた歴史や英雄物語に由来する。北欧スカンジナヴィアの王たちの記録や、アイスランドへの植民のようすが記述されていた。とりわけヴァイキングが北米大陸に航海した証拠とされる『赤毛のエイリークのサガ』が有名で、なかに出てくる葡萄の実る「ヴィンランド」と呼ばれる土地が、カナダのニューファウンドランド島に残る遺構と結びつくと考えられている。コロンブスより千年前に大西洋を横断したヨーロッパ人がいたのだが、どうやら十年ほどでこの「植民地」は放棄されたようだ（F・ドナルド・ローガン『歴史のなかのヴァイキング』）。「壮大な物語」といった程度の意味で使用されるサーガという語も、このように思わぬ形でアメリカとつながっている。

さらによく使われる「叙事詩《エピック》」に関して言えば、古代ギリシアのホメロスの手になる、トロイア戦争を描いた『イリアス』や、英雄の漂流冒険話である『オデュッセイア』が思い浮かぶ。第1章で、『新たなる希望』の始まり方が、この古典文学のフォーマットに準じていることを指摘しておいたが、サーガよりもこちらのほうが歴史や壮大な事件を描くときに使われる名称だろう。

しかも散文形式の叙事詩ならば、アーサー王物語やドラゴンを退治する聖者伝説など、国や民族の苦難と戦って救済する英雄を主人公に、とりわけ中世に民族叙事詩がたくさん作られた。それがロマン派の勃興とともに、自国や土着の基底文化を表現するものとして再発見される。国民国家にとって、叙事詩は、昔から続く伝統的な法や価値観が描かれた「聖典」となった。外来の思想に汚されていない「純粋な」民族的精神がそこに宿っていると錯覚されたのだ。ワーグナーの楽劇にも利用された

「ニーベルンゲン神話」が、ナチスによって「アーリア神話」へと昇華され、人種差別の根拠となったのもそうした流れである。

ところが、イギリスからの独立によって近代国家として成立した共和国アメリカの住民は、先住民を除くと固有の民族叙事詩を持つはずもない。映画会社のシンボルともなった女神コロンビアも、「アメリカを発見した」とされるスペイン人クリストファー・コロンブスに由来する。コロンビアはアメリカの古称でもあるが、一七八四年にアフリカ系の女性詩人フィリス・ホイートリーが、ブリタニアに勝利するコロンビアと呼んで擬人化したのだ。そしてコロンビアは女神の姿として十九世紀に定着した。男性の対応物が、戦争に行けと命令し、星条旗をそのままファッションに取り入れた「アンクル・サム」となる。こちらはアメリカの略語の「U・S」をもじったものだ。

そもそも「アメリカ」という名称そのものが、イタリア人の航海者アメリゴ・ヴェスプッチに由来する。一五〇三年の書物『新世界』で南アメリカが大陸だと説明したのがアメリゴだった。コロンビアもアメリカのどちらも伝説上の英雄や神々ではなくて、コロンブスやヴェスプッチといった具体的な個人に基づき、起源の日付まではっきりしている。これでは「はるか遠い昔」というサーガの最初に出てくるという言葉との開きは大きい。

ルーカスが影響を受けたジョーゼフ・キャンベルが、様々な神話伝承や文学作品から「単一神話」という共通枠を見出そうとしたこと自体、アメリカにおける統一的な叙事詩の不在が原因だろう。建国時からの標語は「多数から一つへ(E pluribus unum)」であったが、一九五六年から「神を我らは信頼する」が追加された。キャンベルは、移民たちがヨーロッパから持ちこんだ神話と、先住民の神話との共通項を見出すことで、多様性に統一を図ろうとしたのだ。

このように人類学者や言語学者が「文明」と「未開」に共通する要素を探す中で見出したのが、それぞれの神話の共通パターンだった。ルーカスは、シナリオを書く段階で「神話や神話の背後の理論について多くの本を読んだ。そのひとつがキャンベルの『千の顔をもつ英雄』だったが、他にもたくさんあって、五十冊くらい読んだと思う」(『注釈版シナリオ』)と述べていて、キャンベルしか種本がなかったわけではない。カルロス・カスタネダの『ドン・ファンの教え』(一九六八)などからも影響を受けている。多くの神話や神話学から独自にパターンを抽出して展開したのが「スター・ウォーズ」のサーガだったのだ。

ルーカスが参照したのが、まずはアメリカ自身の神話だったのは間違いない。十九世紀には、独立後の新しい国にふさわしい「アメリカの神話」を表現し、叙事詩的な統一を与える文学作品や芸術を作り出すのが目標となった。まさに生まれつつある新鮮な国としてアメリカを理解することだった。さらに南北戦争(内乱)後の再統一された「新しい共和国」を考えるならば、サーガとアメリカ史との平行関係さえ読み取れる。

こうした「新規まき直し《メイク・イット・ニュー》」は、何よりもアメリカにふさわしい標語でもある。直訳すると「転がる石は苔を集めない」となる英語の諺が、イギリスとアメリカでは意味が逆なのはよく知られている。イギリスでは一ヵ所に落ち着かないことで経験を積まないことへの批判だが、新天地を求める移民たちからなるアメリカでは、古いものに縛られず常に新鮮という肯定的な意味となる。移動していく者に対して、称賛する価値観を抱えているわけだ。

移民国家としてのアメリカは、十九世紀から二十世紀にかけて「エリス島から入った白人たち」は「大西洋を渡って移民してきた」という叙事詩を共有していた、という興味深い指摘がある。そこではユダヤ人とかイタリア人という出身の違いよりも、同じ苦難の体験をしてきた共通項を「叙事詩」と呼んだのだ（ロナルド・ベイヤー他『アメリカの人種と民族性・簡約史』）。先住民を除いて、ヨーロッパやアフリカから大西洋を船で渡るという共通体験を持つことになる（もちろんアジア系をはじめ太平洋を渡った者たちもいたのだが、それはまた別の話である）。その意味でルークやアナキンが故郷から出ていく「旅」が、星の海を宇宙船で渡って別の惑星へ行くパターンなのも、建国以来の歴史とつながるのだし、そこから叙事詩的な意味合いが生じてくるのだ。もしも冒険がタトゥイーン内での移動だったのならば、訴求力はこれほどではなかったかもしれない。

【叙事詩映画として】

新しい風土にふさわしい「アメリカの神話」を国民に広げる役割を担ったのが映画だった。その意味で、サーガが叙事詩映画と呼ばれるのにもそれなりの根拠がある。映画を芸術的に高めたとされるD・W・グリフィスが監督した『國民の創生』（一九一五）や『イントレランス』（一九一六）のように歴史を題材にとった作品が叙事詩映画の代表となる。『國民の創生』はまさにアメリカの「建国」を南北戦争とその後の再建時代までを二つの家系を中心に描くものだが、KKKを英雄視し、黒人を暴力的に描いたことでアメリカ建国における白人の歴史観を代表していた。また『イントレランス』は四つの異なる世界での出来事での「不寛容」を描くもので、その多くが宗教的な色彩を帯びていた。とりわけバビロンの町のための巨大なセットは、映画の歴史を塗り替えたものとされた。このように映画は新しい神話を盛りこむための新しい革袋とみなされた（ポーラ・マランツ・コーエン『サイレント映画とアメリカ神話の勝利』）。

叙事詩映画はそれ以降も作られてきたのだが、なかでもルーカスが直接的に影響を受けてヒントをもらったのは、一九五〇年代から六〇年代にかけて、ハリウッドが作った「叙事詩」映画だろう。宗教、史実、戦争、西部劇などのジャンルにおいて、壮大な戦闘や崇高な風景というスペクタクル場面を盛りこみ、シネマスコープやヴィスタヴィジョンといったワイドスクリーン上に再現したものだ。さらにテクニカラーの色彩が加わると一段と映えて迫力を持つ。家庭に普及したテレビとの競争が始まっていて、カラーで戦争や古代の宗教スペクタクル映画が好まれた（スティーヴ・ニール『ジャンルとハリウッド』）。

こうした叙事詩映画といえば、巨大なセット、コスチュームをつけた多数のエキストラ、派手な爆発や建物の炎上や倒壊シーンが売りだった。戦後の宗教映画では、シネマスコープ第一作となったキリストが処刑されたときの着衣をめぐる『聖衣』（一九五三）、モーセの出エジプトを描いた『十戒』（一九五六）、ルーカスが『ファントム・メナス』のヒントにした『ベン・ハー』（一九五九）、キリストの一生を扱った『偉大な生涯の物語』（一九六五）、聖書の創世記を映画化した『天地創造』（一九六六）などがある。

こうした宗教的な主題は、中世以降に教会を中心に絵画やステンドグラスや彫刻などたくさんあり、そこにさまざまな表現がなされていた。それが演劇以上の広がりをもって動く形で視覚化された。たとえば『十戒』には、エトナ山で神から十戒を授かるだけでなく、海が裂けてエジプトの軍隊を飲みこむという「奇跡」が巨大プールをつかった実際の水の動きを利用して描かれている。ルーカスの盟友であるスピルバーグ監督による『未知との遭遇』(一九七七)は『十戒』をモデルにしていて、主人公のロイの家の場面では、テレビに『十戒』がずっと流れている。不気味な形をしているデビルズタワーの上で、巨大な宇宙船と出会うのは、これはモーセがエトナ山で神の啓示を得るのと対応するわけだ。同時にデビルズタワーは先住民の聖地でもあるので、アメリカの神話を提示する場所にふさわしいのだ。

ルーク三部作の最初のエピソード4が『スター・ウォーズ』として公開されたときには、ダグラス・フェアバンクスやエロール・フリンが主演した戦前の海賊物や冒険物といった連続活劇のおもしろさを取り戻しただけでなく、叙事詩映画の流れともつながっていた。四度撮影し直したという巨大な宇宙船の登場シーンや、爆発や炎上といったスペクタクルな場面は、最後にヤヴィン4での戦いで、デス・スターを破壊して勝利する場面となる。コッポラ監督の『地獄の黙示録』(一九七九)が「汚い戦争」を描いたとすれば、こちらは「正義の戦争」を描いた映画と考えられる。

そして、グリフィスの『國民の創生』や『イントレランス』は無声映画だったが、ふつう叙事詩映画には、骨太い題材やスペクタクルに満ちた画面だけでなく、それを盛り上げるオーケストラの壮大な曲が付随する。サーガにもジョン・ウィリアムズの曲が備わっている。クラシック音楽の素養を持つ作曲家の手により作られ、ときにはオーケストレーションの専門家も加わって、映画館のなかに大音響が鳴り響くことになる。たとえばジョン・ヒューストン監督の『天地創造』の音楽は、わが国の黛敏郎に依頼されたほどである。黛は『ゴジラ』などで知られる伊福部昭の弟子であり、現代音楽だけでなく、今村昌平、木下惠介、小津安二郎などの監督の映画音楽を担当した。

ルーカスが参照した作品には、イギリス映画の『アラビアのロレンス』(一九六二)のような歴史物もあった。タトゥイーンの砂漠のショットは『アラビアのロレンス』からの影響が大きい(ブルッカー『スター・ウォーズ』)。映像的な記憶がアメリカの神話として借用されているのである。それがわざわざチュニジアを舞台として選び撮影した理由でもあった。アメリカのモハーヴェのような砂漠では物足りなかったのだろうし、人経費などの安い海外で製作費を切り詰める理由もあった。しかもロレンスがバイクで疾走する場面は、ルーカスのスピードへの偏愛とも重なってくる。そしてこの映画は、モーリス・ジャール作曲の主題曲でもよく知られる。音楽と叙事詩的な主題とが組み合った好例と言えるのだ。

ルーカスの商業映画第一作の『THX-1138』の映画音楽は、『ミッション・インポッシブル(スパイ大作戦)』のテーマ曲で有名なラロ・シフリンが担当した。電子音などを使ったもので、SFや未来といえば連想できる音楽になっている。第二作の『アメリカン・グラフィティ』は、一九六二年という設定で、当時ラジオから流れていた曲というコンセプトで集められた既存曲のコラージュだった。タイトルで流れるのは、ビル・ヘイリー・アンド・ヒズ・コメッツが歌う「ロック・アラウンド・ザ・クロック」だった。ロックの代名詞ともいえる曲が使われたのだ。

それに対して、長編第三作目となる『スター・ウォーズ』(エピソード4)に関して、当初ルーカスは、『2001年宇宙の旅』を意識してなのか、ドボルザークやリスト作曲のクラシック音楽を使うことを考えていた。それに試写の段階ではホルストの『惑星』などの既存曲を組み合わせていた(『スカイウォーキング』)。これは『アメリカン・グラフィティ』と同じ手法である。だが、音楽を担当したジョン・ウィリアムズはオリジナルの曲にこだわった。そしてワーグナーの楽劇のように、「レイアのテーマ」といった人物ごとのテーマを決めて、変奏したり組み合わせて全編を彩った。しかもウィリアムズ自身がロンドン交響楽団を指揮して録音した。ルーカスたちも編集した映像とこの音楽とを合わせたときに映画の成功を信じたのだ。

ジョン・ウィリアムズはストラヴィンスキーやホルストの曲想や音の響きを『スター・ウォーズ』に導入しただけでなく、先行する映画音楽の作曲家たちの仕事も参考にした。そのなかに『キングコング』(一九三三)や『風と共に去りぬ』(一九三九)で知られるマックス・スタイナーや、人気俳優エロール・フリンが主演した『ロビンフッドの冒険』(一九三八)や『シー・ホーク』(一九四〇)で知られるエーリヒ・ヴォルフガング・コルンゴルトがいる。コルンゴルトはクラシック畑では、今でもたびたび演奏されるヴァイオリン協奏曲で知られる。あまりに有名になった「メイン・テーマ」だが、金管楽器と弦楽器が掛け合いをする冒頭部分はコルンゴルトの手になる『嵐の青春』(一九四二)からヒントを得たことが知られている。この映画は「キングス・ロウ」を舞台にしたメロドラマで、後に大統領となるロナルド・レーガンが新人として参加していた。

デス・スターを破壊してヤヴィンの戦いに勝利し、最後にルークたちがレイアから勲章をもらう場面の「玉座の行進」にヒントを与えたのは、『カーツーム』(一九六六)のフランク・コーデルの曲に思える。この映画は植民地化したスーダンにおけるカーツームの砦でのイギリス軍の攻防戦を描いたもので、主人公のゴードン将軍がヒロイックに死んでいく戦争叙事詩である。交響組曲『惑星』(一九二〇年初演)を作曲したホルストにも通じるいかにもイギリス風の行進曲である。しかもコーデルは『モスキート爆撃隊』(一九六九)や『あしやからの飛行』(一九六四)といった飛行機ものの音楽が得意だったので、参照するのにふさわしかった。

映像においてルーカスが自ら編集して『暁の出撃』(一九五五)や『トコリの橋』(一九五四)といった戦争映画から爆撃の場面をつないで、撮影で特殊効果に利用するタイミングをもらった。またデス・スターの攻撃は『633爆撃隊』(一九六四)のような実話からヒントを得ている。このように過去の作品を集中して観直して意識的に借用するのは、ルーカスの知り合いであるフランシス・コッポラやスピルバーグにも特徴的である。過去の作品をまねたり、引用したり、意図的に場面の借用をするのだ。一本の作品にそれまでの映画史や映像の記憶がさまざまな形で流れ込んでいる。『新たなる希望』でも、ターザン映画の連想なしには、ルークとレイアがロープにつかまって反対側に渡ることがない。ドイツ映画『メトロポリス』のロボットのマリアなしにC-3POの造形は存在しなかった。

「アメリカの神話」を形成するときに、このように素材をヨーロッパの遺産からもらい、移民の芸術家たちがそれを加工してきたのだ。コルンゴルトも現代音楽や映画音楽の作曲家としてウィーンで活躍していたのだが、ユダヤ人であるために逃げ出してハリウッドの映画産業に職を求めた。同じように、『OK牧場の決斗』(一九五七)や『アラモ』(一九六〇)で有名なディミトリ・ティオムキンはウクライナの出身だし、『ベン・ハー』(一九五九)や『クォ・ヴァディス』(一九五一)を作曲したミクロス・ローザ(ロージャ・ミクローシュ)はハンガリーのブタペスト生まれである。ロマン派以降のさまざまな音楽が流れこんでいる。『新たなる希望』のモス・アイズリーの酒場で流れるジャズの曲は、父親もジャズ・ドラマーだったウィリアムズにとって得意な領域でもあった。雑多な要素を取り込みながら、叙事詩映画を作り上げてきたのである。

ＳＦＸやＶＦＸなどの特殊効果を多用して、新しい「アメリカの神話」を作り上げるときに、叙事詩映画からの大きな影響があった。だが、連続活劇を念頭に置いたルーク三部作よりも、アナキン三部作のほうが大きい。ジョン・ウィリアムズも、アナキン三部作のライトセーバーで戦う背後で流れる「運命の闘い」という合唱を取り込んで宗教色を高めた。アナキンが善悪の戦いのなかで悪の誘惑に敗北していったわけだが、最終的にルークには倒せなかった銀河皇帝を倒したことで「選ばれた者」としてフォースのバランスを保った、という解釈を与えるために、映像も音楽も利用されているのだ。

2　都市と田舎の価値観

【農民の子どもとしてのルーク】

ルークとアナキンの二つの三部作が対照的な理由のひとつは、中心となるヒーローの「エトス」つまり性格や習性が異なるせいである。これがハッピーエンドで終わる連続活劇と悲劇的な結末をもたらす叙事詩映画というトーンの違いになっている。アナキンとルークは父と子だが、同じ惑星タトゥイーンで育ったとはいえ、環境の違いもあってかなり対照的である。

ジョージ・ルーカス本人とのつながりが強いルーク・スカイウォーカーが、惑星タトゥイーンで十九歳まで農民の子として育ったと設定されたことは、ルークをアメリカ的ヒーローの系譜とみなすときに重要となる。何よりも「荒野」で育ったヒーローなのだし、彼が「孤児」であることは不可欠だった。オーウェンとベルのラーズ夫妻のもとで育ち、空気中の水分を抽出した農場で野菜を栽培し、帝国アカデミーへの進学を夢見る若者である。

『新たなる希望』のシナリオにはタトゥイーンの「荒野《ウェイスト・ランド》」と指定されているし、オーウェンの農場も「自作農場《ホームステッド》」とされている。どうやら訪れてくるのは、映画で見る限り、ジャンクのドロイドを売りにくるジャワ族のトレーラーくらいだ。ルークが「トシ・ステーション」に行って、レイアの乗った外交使節船が攻撃されるのを見上げる場面は撮影されたのだが、編集段階でカットされた。ルークたちはゲームをしたり、酒を飲んだりしている。兄貴分となる友人のビッグスは、反乱軍のパイロットとして再会する。彼はデス・スターの攻撃の最中に後ろからダース・ベイダーに撃たれて絶命する(当初はビッグスをルークの兄弟とする案もあった)。そうした故郷の人々との別離のなかで、ジェダイの騎士としての自覚が芽生えていくのだ。

ルークの家が、隣人もすぐに見当たらない辺鄙な場所にあることは、R2‐D2が家出騒ぎを起こしたときに、ルークが双眼鏡で地平線まで探すところでよくわかる。そのとき視界に入る障害物はまったくなく、荒野が広がっているだけなのだ。だからこそ二つの太陽が地平線に沈む姿がはっきりと見えていた。ルークはこうした環境や自分が置かれた状況に不満を持っていて、脱出願望を抱いている。だが、オビ゠ワンに、レイアの立体ホログラフを見たあとでオルデラーンまで助けに行こうと誘われても、すぐには同意しない。「家に帰らなくちゃ」とか「やるべき仕事がある。帝国は好きじゃない。憎んでいる。でも今やれることはなにもない。ここから遠すぎるよ」と言い訳を口にする。彼がためらう理由は育った農場から離れることへの不安である。その意味で、ルークは土地に根差した人間であることがわかる。

ルークの育ったこうした環境は、国民的なアメリカの神話となったフランク・ボームの『オズの魔法使い』のドロシーの場合と似ている。アメリカ版の『不思議の国のアリス』を目指して一九〇〇年に出版されたこの児童小説は、何もないカンザスの「灰色」の風景のなかで、伯父夫妻のもとで育つ孤児の少女を主人公にしている。ドロシーの退屈な灰色の日常生活に竜巻が襲ってきて、彼女をオズの国へと連れていく。そこでは「エメラルド＝深緑色」が、農場の周辺の「灰色」の風景と対比されている。しかも、ドロシーの従者として登場するのが、ブリキ男と案山子とライオンというのも、どこか「スター・ウォーズ」を連想させる。動物・植物・鉱物という三つの要素を象徴的にしめす従者を持つドロシーが、悪い魔女と戦うことになる。

とりわけ一九三九年にジュディ・ガーランド主演で製作されたミュージカル映画との関係が強い。そこでは灰色の日常は白黒映画で、オズの国での冒険はカラー映画となる（クロード・ルルーシュ監督の『男と女』やタルコフスキー監督の『ストーカー』などの系譜ともいえる）。C－3POはブリキ男の身体と案山子のおしゃべりを結びつけているし、臆病なライオンはどこか毛むくじゃらのチューバッカを連想させるではないか。アメリカ映画では英雄が旅をして家へと帰るという「永遠の哲学」が共通している、と主張するスーザン・マッキー＝カリスは、『オズの魔法使い』とルーク三部作の類似を指摘していた（『アメリカ映画における英雄と永遠の帰宅の遍歴』）。

荒野のラーズ家で緑が見えるのは、敷地のなかと、伯母のベルが調理する野菜くらいかもしれない。ただし、ルークの伯父のオーウェンは農民といっても、土地を所有し「家族農業」をする小規模な「独立自営農民《ヨーマン》」である。イギリスの封建制度のなかで生まれた言葉だが、これは見逃せない。

独立自営農民は、独立戦争を支えたジェファーソン流民主主義やアメリカの「共和国」の理念と深く結びついている。ジェファーソンによれば、政治参加するには農地や農場を持つことが前提だった。それが後には西部を開拓する「明白な使命」という植民地主義と結びついていく。そもそもイギリス国内で土地の所有がかなわなかった「独立自営農民」たちが、自分たちの開拓地としてアメリカ大陸を考えたのだ。その後のジャクソン流民主主義は、土地所有に関係なく万人（といっても白人男性）の政治参加を考えていくのだが、やはり根底に「独立自営農民」の発想を抱えている。とりわけ、一八六二年にリンカーンが署名して発効した「ホームステッド法」は、先住民を無視して西部開拓をする公認の土地分配法であり、ラーズの農場が「ホームステッド」と指定されているのも当然なのだ。

ルークという主人公の精神形成の背後に自作農という基盤があり、だからこそルークの持つ夢は、そうした土地や農業への反発から生まれる。そして、ラーズ家は、ダース・ベイダーつまりアナキンの探索命令を受けた帝国軍兵士によって焼打ちにあう。それによってルークは惑星の外にまで押し出される。伯母のベルはルークのなかに父親と同じ血を見て、土地に縛られないと予測していた。だが反感や反発という形をとってはいても、ルークのなかに「独立自営農民」の価値観が入っていることが大切なのだ。

ルークはジェダイの騎士の血筋だとしても、独立自営農民を背景においたことで、ヒーロー物語として、単に英雄神話のパターンに基づく設定だけではないリアリティを与える。たとえば、『アストロノーツ・ファーマー／庭から昇ったロケット雲』(二〇〇六)のように、自分の家の納屋のなかで、自力でロケットを作り打ち上げる男を英雄視する話が成立するのも、独立自営農民の神話の延長のせいだ。とりわけアメリカにおける「セルフメイド・マン」の重視は、こうした逸脱した行為を賞賛することに向かう。

アメリカに連綿と続く「独立自営農民」の価値観を引き継ぐことが、ルークに求められている。彼自身は土地に縛られた農民的な人生に反発して外の世界を求めている。逆説的に聞こえるが、宇宙空間という新天地で活躍し、ジェダイの騎士という地位を手に入れるのも、基本的には新しい土地＝世界の獲得とつながることなのだ。ルークのような「アメリカの神話」にふさわしいタイプの主人公は、「アメリカのアダム」として一八三〇年以来の文学の伝統に描かれてきた(デイヴィッド・W・ノーブル『永遠のアダムと新世界の庭』)。西部劇を成立させる独立自営農民の精神が、スペースオペラの宇宙空間でも必要とされるのだ。

【都市奴隷のアナキン】

こうしたルークの独立自営農民的な特性を理解すると、ルークとアナキンの立場や考え方の違いが見えてくる。アナキンはなによりも都市住民であり、しかも奴隷だった。アナキンが抱いている中心の価値観はもっと流動的で懐疑的なものであるし、何よりも階級差に関して敏感である。王女レイアに対して関心を持ったルークと同じく、アナキンには女王パドメが配置されている。

レイアとルークの場合は双子と判明して肉親の愛情と説明されるが、パドメに対するアナキンの気持ちは一線を越えて、ロミオとジュリエットのように「秘密結婚」の段階へと進む。もっともアナキンと対等にするためなのか、裏の設定として、パドメがじつは貧しい出身で、選挙によって選ばれた女王に過ぎないとされた。惑星ナブーからは、パドメ、パルパティーン、ジャー・ジャー・ビンクスというキャラクターが輩出するわけだが、それぞれがどこか逸脱しているのが特徴となる（そのなかでジャー・ジャーが嫌悪されているのは第2章で述べたとおりである）。

アナキンが暮らすモス・エスパの街は、ジャバ・ザ・ハットの支配地だが、外に開かれていて、犯罪者も旅行者も出入りする猥雑な街である。砂嵐が近づく場面でわかるように、アナキンには市場の売り手の女主人のような大人の知り合いもいる。アナキンは街に出入りするパイロットたちとも交わっている。そしてジャンクの部品からC-3POを自分で組み立てられるほどの技術を持ち、ポッド・レースのパイロットとしても優秀な腕を持っている。冷やかしも含めて、エイリアンの遊び友達もたくさんいて、これはルークとは育った環境が異なるだろう。ルークの友人といえばビックスをはじめとしてみな人類種だった。

そしてルーク三部作では言及されないが、アナキンを束縛する古代ローマ風の奴隷制度がおなじ惑星タトゥイーンに存在する。これは民族や人種と結びついた近代の奴隷制とは性質が異なってはいるが、独立自営農民と同じくアメリカの建国と無縁ではない。この導入によって、ますます映画内のタトゥイーンという空間がアメリカの西部そのものと近いことがわかってくる。現実のアメリカ史では、奴隷制による農園と、独立自営農民の農地とでは利害が対立するし、放牧した牛を飼う牧場主が登場するのが西部劇とつながるのだが、それは「スター・ウォーズ」の世界には登場しない。

アナキンのような奴隷はあくまでも動産なので、アナキンが三歳のときに賭けによって、ガーデュラ・ザ・ハットからジャンク屋のワトーへと所有権が移った。ワトーの店で出会ったパドメに略歴を語ると、「奴隷なの?」と質問される。アナキンは怒ったように「人間だよ。ぼくの名はアナキンだ」と返答する。高いプライドを持っていても、現在の奴隷の身分が自由な脱出を束縛している。しかも皮肉なことにレースのライバルであるセブルバが手出しできないのも、アナキンがワトーの所有物だからなのだ。そのことをわかっているアナキンがセブルバをわざと挑発する場面がある。

『ファントム・メナス』のこのあたりの展開は、ポッドレースとともに叙事詩映画『ベン・ハー』を下敷きにしている。ユダヤ人ベン・ハーが、ローマの役人を殺害したとして、財産をはく奪され、ガレー船漕ぎの奴隷身分に落とされる。助けたローマの将軍によって解放奴隷となる。そして生き別れとなった母親と姉を探すと、当時業病とされたハンセン病の患者となっていた。彼女たちがキリストによって治癒されるという奇跡の物語であった。アナキンを狙っている卑劣なセブルバは、ベン・ハーの旧友でありながら敵対者となったローマ人メッサーラにあたる。アナキンが最後にレースで勝利するところは、ウィリアム・ワイラー監督の『ベン・ハー』でのベン・ハーとメッサーラの戦車競技の場面を念頭に置いている。

アナキンが解放奴隷となり、クワイ゠ガンに誘われて、ジェダイとなる訓練を受けるためにタトゥイーンを離れる。そして兄弟子となるオビ゠ワンのパダワンとして活躍することになる。いずれにせよアナキンにはたえず「主人」が存在する。ルークが、たとえ未熟な子ども扱いされてはいても、最初からオビ＝ワンやハン・ソロと対等なのと比べて、誰かに従属することによってアナキンは自分を成り立たせている。重くのしかかってくるのが、奴隷だったという過去である。

『クローンの攻撃』で母親シミが苦悩する予知夢にうなされて、アナキンは救出に向かうのだが、そこで母親の運命を知る。ワトーが奴隷として農夫のラーズに売り、そこで解放されて後妻となったことがわかる。救出が間に合わずに死なせてしまったことで、自分の激情を抑えられずにタスケン・レーダーを皆殺しにしたことが、アナキンの「悪」への傾斜のきっかけとなる。彼の怒りの根底にあるのは、自分でも変えることのできない境遇へのいらだちである。

アナキンが最後に従属した相手が、シスの暗黒卿ダース・シディアスでもある銀河皇帝パルパティーンだった。そのときにダース・ベイダーという称号を得る。すでに第1章で述べたように、「ダーク」＋「デス」でダースであり、インベイダーから「イン」が落ちたものだ。そこに、「ダーク・ファーザー」の意味を含むと類推されてきた。それだけでなく、「ダース」は他のシスたちも共通に持つので、「デューク」のような称号とつながるはずだ。「暗黒卿」と訳されているのもうなずける。

アナキンは生まれたときからたえず何かに従属してきた。そのために、他人に命令されて動かされることに反発するとともに、パイロットであり、メカに強い自分の持つ才能という資産を活かしてくれる相手を待ち望んでいる。ヨーダを筆頭としたジェダイの騎士たちは「選ばれし者」としてのアナキンに期待と不安を抱いているので、「コントロール」や「辛抱」を強いてくる。それに対して、シスはアナキンが持つ力を制御なしに解放することを約束する。だが、暗黒卿として対等になりかけた瞬間にシディアスは銀河皇帝としてアナキンの上に立ってしまうのだ。どこまで行っても従属関係が待っているのがアナキンの人生だった。

最終的には、殺されかけているルークを救出するために、銀河皇帝に逆らって、ダース・ベイダーはアナキン・スカイウォーカーに戻る。わが子の成長過程をライトセーバーによる闘いを通じてしか知ることができなかった父親へと戻るとともに、もはや何者にも従属されていない状態となるのだ。こうした解放感が観客の感動を誘うのである。

3 帝国からの独立と帝国化

【帝国からの解放】

サーガとスピンオフ作品を含めて「スター・ウォーズ・シリーズ」全体に感じるのは、アナキン＝ダース・ベイダーの場合のように抑圧からの解放である。エピソード6の最後のエンドアの戦いによって第二デス・スターが破壊されることで、銀河皇帝が滅び、帝国が終了する。

もちろん、抑圧者と被抑圧者は区別され、抑圧される側にヒーローがいて、抑圧者たちを退治するというのは、物語や神話の基本パターンである。たとえヒーローが子どもから成長するというパターンを採用していなくても、帝国の圧政や帝国軍の攻撃からの解放という構図はわかりやすく、多くの観客に共感してもらえる。そのときに、無意識のうちにルーカスたち製作陣だけでなく観客も、アメリカの独立戦争や南北戦争といったアメリカ史上の戦争、そしてヴェトナム戦争から湾岸戦争やイラク戦争までの直近の戦争を想起しても不思議ではない。

ただし、日本で観ているとアメリカでのように、そもそも「共和国」が国の歴史の出発点となると考えていない。王女レイアは養女だったが、その王国であるオルデラーンはデス・スターによって滅ぼされた。また「ウーキーペディア」などで明らかにされるパドメの裏設定では、じつは貧しい生まれで、選挙で選ばれた女王なのだ。結局これはアメリカの大統領と同じであって、ナブーを純粋に「王国」と呼んでよいのかは疑問となる。正史において「王国」を持たないアメリカ史では、アメリカ独立戦争時の体制を「初期の共和国」と呼ぶ。アメリカの内乱とは南北戦争のことだから、そのあとの再統一の連邦再建が「新しい共和国」と理解される。

英雄の登場が期待されるのは「危機の状況」なのだから、後付をするためにアナキン三部作によって、ルーク・スカイウォーカーが必要とされる理由を説明しなくてはならない。反乱軍の一員でもある元老院議員のレイアは、帝国内にある秘密基地のありかを白状するように迫られるが、元老院も解散されてしまった結果、悪や恐怖が支配する世界へと転換する。このときにイメージされているのは、強大な帝国とその周辺の小国や属国との関係だろう。これは過去から重要な主題となってきた。聖書を考えても、ヘブライ人＝ユダヤ人を抑圧し弾圧するのは、旧約聖書ではエジプト帝国だし、新約聖書ではローマ帝国だった。こうした帝国との関係において翻弄される集団を導くのが、モーセやキリストのようにヒーローとなり、その物語こそが民族を救済する叙事詩とみなされるのだ。

「スター・ウォーズ」がエピソードを関連づける背後に置いたのは、独立戦争のときの大英帝国と共和国アメリカの関係である。しかも映画のなかの元老院や銀河皇帝との関係も、宗教映画やローマ物でおなじみである。そして、ルーカスの創造した宇宙における銀河共和国と帝国建設と崩壊そして共和国復活の歴史は、アメリカSFにおける関心を継承したといえる。とりわけアイザック・アシモフの「ファウンデーション」あるいは「銀河帝国の興亡」と呼ばれるシリーズを連想させる。

アシモフの作品自体がギボンの『ローマ帝国衰亡史』を下敷きにしたとみなせるが、ギボンは、統治権を持つはずの元老院が皇帝に政治を任せきりにして、しだいに衰微していったようすを描き出している。アシモフの『ファウンデーション』では、銀河帝国の衰亡期に、それを救済するために二つの集団が作り出された。ひとつは知を後世に残すために銀河百科事典を作る科学者の集団であり、もう一つは政治をおこなう心理歴史学者たちの集団だった。銀河帝国がハリ・セルダンというリーダーの科学的なシミュレーション＝予言によって生き延びるかに見えた。

ところが、一九四五年に雑誌掲載され、一九五二年に『ファウンデーション対帝国』としてまとめられた第二作は、予期せぬミュータントが独裁者として出現したことで、科学者の集団がセルダンの予言通りにではなくて、自分たちで運命を切り開く必要が出てきた。もちろん掲載された時期からしても、このシリーズが、ミュールのような独裁者の支配する日独伊の帝国と共和国アメリカの戦いを意識していたことは間違いない。

ルーカスがここから貰ったのは、銀河帝国の首都惑星トランターがさまざまな腐敗とともに事態を打開する新しい動きを生んでいるように、元老院とジェダイの騎士の聖堂が両立する首都惑星コルサントという発想だろう。また、ハリ・セルダンが立体ホログラフで姿を現して予言するのも、レイアや銀河皇帝が姿を見せる形で映像化されたといえる。

さらにアシモフは「ファウンデーション・シリーズ」と同じ世界観を有する『暗黒星雲のかなた

に』（一九五一）で、初期のトランターが銀河帝国となっていく時期に光を当てた。そこで恐れられているのは、暗黒星雲のなかに隠れている反乱軍だった。一番の秘密は反乱者たちがアメリカの独立精神とさらに憲法の条文を伝えていることなのだ。これは編集者に示唆されて挿入された副筋だとアシモフは後に自伝で釈明しているが、冷戦初期のアメリカが共和国の独立精神を世界に誇示する動きにつながる。さらに、かつての支配者のイギリスが成文憲法を持たないのだから、独立の優位性を示すものでもあった。

SFにおいてアメリカ独立戦争そのものを作品化した例としては、ロバート・シルヴァーバーグの『第四惑星の反乱』（一九五五）がある。これは、ジュヴナイル作品であるが、地球からアルファケンタウリの第4惑星に派遣された宇宙パトロールになったばかりの主人公が、反乱を鎮圧する側から、自分の判断を信じて反乱軍の側に身を投じる話になっている。これは組織の圧力や偏見よりも、自分の考えを信じろという姿勢であり、帝国のイギリス側ではなく共和国のアメリカ側に大義があるという強いメッセージがあった。それが決して父親の教えとかに背くものではないという形で、父と子の対立が正当化されていた。そのままイギリスとアメリカの関係になぞらえてもいるのだ。

さらにアシモフの盟友のロバート・A・ハインラインも独立戦争を作品化した。『宇宙の戦士』（一九五九）は日本のSFやアニメに大きな影響を与えたが、ここで重要な作品は、『月は無慈悲な夜の女王』（一九六六）である。地球を圧政をおこなうイギリス側に、植民地の月をアメリカになぞらえている。空気を含めた多くの点で地球に依存しなくてはならない月世界で、技術者と人格を持ったコンピューター網とが共同しながら、地球に対して抵抗し、革命を起こす（日本人にはあまりピンとこないがアメリカ独立戦争に至る経緯をアメリカ人は「アメリカ革命」と呼んでいる)。しかも月と地球の位置関係を利用した投石という原始的だが、思わぬ兵器によって勝利を手にするのだ。

こうした伝統を踏まえると、エピソード1の『ファントム・メナス』が、通商連合とナブーとの間での関税問題と惑星封鎖で始まるというのは、「関税」問題がアメリカの本格的な反抗のきっかけだったことが思い浮かぶ。独立戦争時の「ボストン茶会事件」にあたる。だぶついた茶葉を抱えた東インド会社を救済するためのイギリスの政治的な判断による重税だった。「代表なければ課税なし」というアメリカの主張は決して独立を意味していなかったのだが、大英帝国の議会への代表派遣問題から、アメリカ合衆国という独立を勝ち得るのも、通商連合の包囲を打破したパドメが、ヌート・ガントレイ総督を逆に人質にしたことで、停戦を手に入れるのとつながる。

しかも惑星封鎖というのも、海上封鎖という歴史的な出来事を背景に持っている。たとえば『新たなる希望』の配役を決めるために探すときに、製作側は作品の内容を宇宙版の『風と共に去りぬ』と紹介していた。これは南北戦争のときに北軍による海上封鎖を突破して、レット・バトラー船長(つまりハン・ソロ)が密輸してきたヨーロッパの品物に南部人が喜ぶ姿とつながる。もっともスカーレットを中心に考えると、はたしてこのたとえが妥当かは疑わしい。それでも、南北戦争を南部の視線から描いた叙事詩映画が、この映画のお手本となったかもしれない可能性が示される。二つのアメリカを統一させるということは、南北戦争後の悲願でもあったが、今も対立や敵対は続いているのだ。ふだんコカ・コーラやCNNが南部のジョージア州アトランタ(『風と共に去りぬ』の舞台ではないか)に本社を置いている意味を深く考えることはない。ペプシ・コーラや三大ネットワークがニューヨーク州に拠点を構えているのと対照的なのだ。

「アメリカ革命」と自ら呼ぶアメリカ独立戦争時には、イギリス帝国の支配へ植民地アメリカが反発して独立した。この歴史を参照すると、『ファントム・メナス』で、クワイ＝ガン・ジンをリーアム・ニーソンが演じたのにも意味がありそうだ。この配役によって映画に別の色彩が与えられたのに気がつく。ニーソンはスピルバーグ監督の『シンドラーのリスト』（一九九三）に主演した実績などから抜擢された。ニーソンはアクションもこなす俳優であるが、ナチスの体制内にいながらユダヤ人を救ったシンドラーを演じたことで内省的演技もできるし、『ファントム・メナス』で、ダース・モールを相手に闘っている途中で、いきなり瞑想して、動から静へと切り替わるところなどは見事である。ただし、アイルランド系のニーソンは、『マイケル・コリンズ』（一九九六）のように、大英帝国からアイルランド独立運動にからんで暗殺された政治家を演じた経験を持つ。

また若いオビ＝ワンに抜擢されたユアン・マクレガーも、ドラッグにおぼれ、現状に反抗するスコットランドの若者を描いた『トレイン・スポッティング』（一九九六）の主演で知られるようになった。こうした品行方正とは言えない役をこなしただけでない。『ブラス！』（一九九六）では、サッチャリズム以降のイギリス政府の方針で閉山する炭鉱を調査する女の幼なじみで、地元の労働者として政府の流れに懐疑を抱き対抗する若者を演じた。そうした延長としてマクレガーはオビ＝ワンに取り組んでいる。

もちろん、老年のオビ＝ワンをアレック・ギネスというシェイクスピア役者が演じていて、その若い時代の役をこなす必要があったのだ。ギネスは若いころはコメディで有名だったが、『戦場にかける橋』（一九五七）で日本軍に捕虜となったイギリス将校となりアカデミー賞の主演男優賞を獲得し、『ローマ帝国の滅亡』（一九六四）で死にかけの皇帝マルクス・アウレリウスを演じた。こうした重厚な設定の延長にルークに教え諭すオビ＝ワンがいたが、マクレガーのオビ＝ワンは、本来なら弟子であるアナキンの反抗心に手こずり、みずからも真相を知ろうと探索に乗り出す活動的なジェダイの騎士だった。こうしたニーソンやマクレガーの配役は、共和国の擁護者だったジェダイの騎士が、帝国から見るならば、「テロリスト」とみなされる予兆ともなる。そうした反抗的なものを秘めたジェダイの騎士像が、銀河共和国の帝国化を描いたアナキン三部作では描き出されているのだ。

【共和国が帝国を生む】

悪の帝国が外部に存在するのならば、明確な「敵」であってわかりやすい。ルーク三部作では帝国側と反乱軍側という境界線が引けた。スパイの働きをするのも、帝国側のはドロイドであり、反乱軍の側は命をかけてデス・スターの設計図を盗んだように人間である。もっとも、第二デス・スターに関しては、銀河皇帝側からわざとスパイにリークして、反乱軍を集めて一気に粉砕する計画だった。

ところが、誘拐や暗殺や裏切りに満ちているアナキン三部作やスピンオフ作品の『クローン・ウォーズ』では、さまざまな調停や調整が出てくる。ジェダイの騎士たちも一枚岩ではないし、元老院内ではそれぞれの惑星の代表が利害を計算し思惑を抱いて行動している。それが分離主義者、通商連合、インターギャラクシー銀行といった面々を生み出してもいる。ジェダイの味方となるクローン兵士の製造すらも、かつて共和国が依頼していたことをオビ＝ワンが発見したことで役立つのだ。しかも皮肉にもクローン兵士はみな賞金稼ぎのボバ・フェットの顔をしているので、父親のジャンゴ・フェットと対決したことで少なからぬ因縁を持つオビ＝ワンにとっては、複雑な思いを持ったはずである。だが、現実政治が優先されることになる。

しかも、映画内の「元老院議員」と現実の「上院議員」が同じ英語（senate）で表現されるように、アメリカにとって、古代のローマと自分たちの日々の政治とのつながりは現実的である。ジェダイの騎士であるメイス・ウィンドゥたちが非常時大権を手放さないパルパティーンを逮捕しに行ったときに、「私が元老院」だとパルパティーンは言い放つ。定冠詞の「ザ」がつくと全体を指すことになる表現が効果的である。つまり元老院を超えた皇帝の地位に達しているわけだ。元老院のようにジェダイにも最高会議が置かれて、合議制によって問題の解決にあたっている。パルパティーンは、そこでジェダイの殲滅によって、元老院を掌握しきろうとした。

サーガだけでなく、『クローン・ウォーズ』のようなスピンオフ作品に目をやると、パドメだけでなく、チーチ議員のように若いながら活躍し、それによって危うさを感じさせる場合もある。また、ジャー・ジャーが議員となって、その粗忽さを見抜かれて交渉相手に指名されたりもする。不安だからとジェダイの騎士が同行するほどだ。つまり老練な政治家たちではなくて、若手が活躍する。これはルーク三部作に比べて、アナキン三部作やクローン大戦の特徴であり、それが銀河共和国の衰退を告げてもいるのだ。

こうした元老院議員たちがおこなう政治に対する不満が、老練なドゥークー伯爵を中心とする分離主義者の台頭を許しているわけだが、同時に後ろで操る人物がいるはずだという「陰謀論」を成立させている。シスによって銀河共和国の衰退の理由が、自己解体ではなくて、悪質な策略によることになったからである。だが、そこにあるのは一元化されている状態に対する不満である。銀河共和国は、「多様性の統一」をかかげるアメリカ共和国と同じでたえず「多様な」人々の集団に分裂しようとする危機と、それを統合する「統一」の動きとが渦巻いている。

パルパティーンに注目すると、ナブー出身なので、パドメの味方のようで、「見えない脅威」となるシスであり、ゆっくりと権力の階段を上っていく。ナブーの大使、惑星選出の議員、元老院最高議長、そして銀河皇帝へとなっていく。そのときに暗黒卿シディアスと元老院最高議長の両面は、立場上利害が相反するはずなのだが、いわゆる「マッチポンプ」的な自作自演に役に立つ。エピソード3の『シスの復讐』の冒頭で描かれる最高議長本人の誘拐事件は、ある意味で自分の身体を賭けたバクチでもあるが、それによってアナキンを自分の勢力下に置くことができ、シスとしてもドゥークー伯爵の代わりに、ダース・ベイダーを誕生させる一歩となっている。

共和国が独裁者を生み出すのは、ローマのなかでのアウグストゥスなどの先例があり、ギボンが『ローマ帝国衰亡史』で描いている。そして、フランス共和政からナポレオンが、ソヴィエト社会主義共和国からスターリンが、ワイマール共和国からヒトラーが誕生したことも、歴史的な事実である。ただし、パルパティーンが権力を握る過程も直線的には進まない。手下であるドゥークー伯爵(「毒」に由来するとされる)を使って、共和国からの分離主義者の勢力を作り上げて、それと戦う形で非常時大権を握り、共和国の軍事化を進めていく。スター・デストロイヤーなどの兵器が拡充されていくのだ。その軍事力を引き継ぐのが銀河帝国という図式になっている。サーガでは、共和国自身が軍事国家となっていく様子は、ドロイド兵士やクローン兵士の台頭によって、数の上でも質の上でもはっきりと描かれる。

ここで試されているのは、「銀河系＝共和国」という一元化の理念をどこまで維持できるかの限界への挑戦である。「スター・ウォーズ・サーガ」が全編を通じて問いかけているのは、旧世界のしがらみを捨てた理念として新しく生まれた「アメリカ」だったはずの国が、そのアメリカ自身の内部から悪や帝国への意志が生まれてくる矛盾をどう始末すべきなのかである。スカイウォーカー家の父と子の関係、あるいは母と子の関係を通じて、前の世代や前の世界との連続と不連続が問われている。古い世界や価値観との不連続をどのように作り、新しい統一としての「銀河共和国＝アメリカ」を生み出すこと──サーガが叙事詩的に見えるのはその問いかけを含んでいるせいだろう。

銀河共和国の理念をどのように守るのかは、そのままジェダイの役割への問いかけである。だが、アナキンでわかるように、ジェダイにはどれほどミディ・クロリアン値が高くても、悪への誘惑が待ち構えている。まるでキリストがゲッセマネで悪魔に誘惑されたように試されるのだが、もしも暗黒面に陥ってしまえば終わりとなる。ルーク三部作の場合は、エンドアの戦いに勝利することで善悪の問題はけりがついたが、アナキン三部作ではそうはいかないことが示される。

最大の懸念は、共和国のままの姿で帝国が出現することである。冷戦体制の崩壊で、直線的な進歩史観は成立しないことが明白になった。「グローバル」という名の一元化が進む状況で、ルーカスがインタビューで「自分が一番なりたくなかったダース・ベイダーになってしまった」(『夢の帝国』)と述べているのは皮肉だが、帝国を倒すというルーク三部作のあとに、帝国を築くというアナキン三部作を完成させたこと自体が、アメリカへの懸念を表出しているともいえるのだ。つまりサーガとスピンオフ作品を通じて、アメリカがこれから帝国化することが、あるいはすでに帝国となっていることが描き出されてもいる。

ルーク三部作とアナキン三部作は、一種の無限ループのように、帝国が倒される物語と帝国が生み出される物語を循環させている。つまり、製作順に観ていくと帝国が生まれるという悲観的で息苦しい展開となり、エピソード順に観ていくと帝国は必ず打倒されるという楽観的な神話を表現していると思えてくる。帝国と共和国で示される二つの価値観が、タトゥイーンの二つの太陽のように相互に関連を持ちながら、ルークとアナキン、そしてそれを観ている私たちを照らしているのだ。

第5章　循環する世界のなかで

1　叙事詩映画と崇高な風景

【崇高な風景とアメリカ】

叙事詩では、戦いの舞台としてひとつの風景が選ばれる。荒野や高い山といった「崇高な《サブライム》」風景の場所である。たとえば、聖書の黙示録に登場して、最終戦争という意味で知られる「ハルマゲドン（アルマゲドン）」は、「メギドの丘」という地名に由来する。メギドの丘は、イスラエルの北部に実在し、ここで神の軍勢と地上の獣の王たちとの善と悪の最終戦争がおこなわれるとされるのだ。ふだんは何もない荒野だが、だからこそ戦いのときには雄大な風景として描かれることになる。

そしてたとえ平凡な場所であっても、雷や嵐などの通常とは異なる天候によって印象が深くなる。年代記に残るような出来事は記憶すべきものなので、普段とは異なった意味づけが求められるのだ。ルークが眺めたり、アナキンの背後に広がるタトゥイーンの二つの太陽の日没は、彼らにとって日常風景であっても忘れがたい。そして印象的な日没は他にもある。『シスの復讐』でアナキンが、ウィンドゥから動くなと命令されているのに、シスの暗黒卿とわかっているパルパティーン最高議長を救出するかどうかを思案する。そこにコルサントの夕陽が窓越しにアナキンを照らし出す。こうした重要な出来事のときに日の出ではなくて落日が選ばれているのも、共和国の凋落と結びつくイメージがあるためだ。

だが、その夕陽そのものはニューヨークなどの大都会の風景と変わりない。当たり前ではあるが、サーガに登場するさまざまな原型はアメリカに存在する。撮影場所が海外だからとかCGで表現されているからといって、イメージがつかめない見慣れない風景というわけではない。

首都惑星コルサントもニューヨークやシカゴのような高層ビルの林立する大都会なのはわかりやすいだろう。そこには、人々が踊ったりする大きな酒場もあれば、下町の大衆食堂《ダイナー》もあって、エプロン姿の陽気な主人が客を迎えたりする。タトゥイーンの砂漠も、エンドアの月の森林地帯も、ホスの氷と雪の覆う場所も、ムスタファーの溶岩あふれるところさえも、アラスカやハワイまで探せばアメリカ国内にあるのだ。アナキンとパドメがデートをするナブーの草原の背後にも、ナイアガラのような巨大な滝が置かれていた。

アメリカの映画産業が、生まれた東部から西部のハリウッドへと拠点を移したのは、エジソンが特許権を振り回して映画を独占しようとしたのを嫌ってと、野外ロケにふさわしい場所が手近にあったせいである。砂漠や山や海へとすぐに撮影に向かうことができたのだ。崇高な風景をアメリカ国内で発見することが、十九世紀の風景画家や思想家たちの願いだった。アメリカ独特の「ネイチャー・ライティング」が誕生するのも、そこに風景と崇高さを結びつける回路を求めてなのだ（伊藤詔子ほか『新しい風景のアメリカ』）。建国のときに十八世紀の美学が取り込まれて、最初から風景が政治的なものとみなされてきた国なのだ。一八七二年にアメリカで最初の国立公園として選ばれたのが、火山活動が活発なイエローストーン地区だったことを考えても、バラエティに富んだ西部の風景を自分たちの原風景としたことがわかる。

大都会、砂漠、森林、溶岩流とサーガに出てきたのは、拡大されたアメリカの風景と言えるし、アメリカの神話にふさわしい舞台装置となっている。もっとも、第一作目の『スター・ウォーズ』がアフリカなどでの海外ロケやイギリスのスタジオでの撮影が中心となったのは、セットなどの製作費の関係でアメリカ国内での撮影をあきらめたせいである。配役にイギリスの俳優が多いのも、全米俳優組合との契約の関係からだった。ところが、アナキン三部作で壮大な風景をCGを使ったVFXでおこない、その生産をルーカスフィルムが担当したのは、単なるコストの観点からだけではない。アメリカの神話の舞台装置をなるべくアメリカ国内だけで作り上げたいとする意欲の表れでもある。そのときにロケのいらない人工的な風景を自分たちの手で生み出すことが意義を持つのだ。

サーガのような叙事詩映画が神話的な表現をとるときには、人間が作り出した建物や都市や人間そのものを破壊したり飲み込む自然の力が効果的に使われる。一般的に「火、空気(風)、水、土」とされる「四大元素」と関連したものだ。古代からある原初的な力ではあるが、それだけ普遍的だと考えられているせいで、人々の心に訴える。このなかで、目に見えない空気や風は、サーガでは「フォース」という形で掴まえられている。十九世紀にあった真空を満たす「エーテル仮説」のような遍在する力といえるだろう。東洋思想の「気」の流れにも近いものがある。相手を吹き飛ばしたりする力としても作用するし、ときには指先から放射される雷光になったりもする。

【垂直落下と死】

四大元素のなかの土についていえば、空と大地をつなぐ垂直線が、サーガにとって重要な軸となっている。何よりも物語が本格的に始まるのは、空から惑星タトゥイーンに落ちてきたものによってだった。

ルーク三部作の発端となったのは、二体のドロイドが脱出ポッドによって落下したことだった。R2-D2が伝えたレイアの立体ホログラフが誘惑することで、空へと旅立つことになる。だがレイアはルークにとって恋愛の相手ではなくて、生き別れの妹だった。アナキン三部作では、立体ホログラフではなくて、生身のパドメが惑星タトゥイーンに降りてくる。女王の仕事は替え玉に任せて、侍女のふりをしてクワイ=ガンたちといっしょにやってくるのだ。アナキンはパドメを「天使」とみなすが、それは同時に彼に心の苦難や試練を与える相手でもあったのだ。

しかもサーガでは垂直落下が死あるいは死の危険と結びついている。もちろん映画の技法として、「クリフハンガー」つまり文字通り崖にぶら下がることは、観客にハラハラさせるために効果的だし、連続活劇では常套手段となっている。この後主人公はどうなるのか、それは「続き」のお楽しみというわけだ。観客はヒーローが最終的に助かるとは分かっているが、物語の展開を宙吊りにすることで、あれこれと期待する。製作側は次回までの間に奇抜な切り抜け方法を思いつかなくてはならない。観客が予想した範囲内の展開だと、平凡な作品として退けられてしまう。ルーク三部作は、そうした意味で、ルークの真の父親とか、双子の妹といった観客の期待を裏切った答えを出すことで、続編を観たくなる欲望を掻き立ててきたのだ。

連続活劇をお手本にしているサーガには、宙吊り場面や崖っぷちが何度も登場する。『新たなる希望』で、デス・スターの内部で、ルークとレイアがターザンとジェーンよろしくロープで渡ったのも崖といえるだろう。さらに『クローンの攻撃』で、オビ＝ワンを救出しようと、ジオノーシスへ向かったアナキンとパドメが行きついた崖っぷちの下には、ドロイド兵士を生産する工場の製造ラインが延びていて、その上に二人は落下してしまう。どちらも人工的な崖なのだが、昔からのパターンをなぞっているといえる。

もっと切実な落下もある。『ファントム・メナス』でオビ＝ワンは、目の前で倒されたクワイ＝ガン・ジンの仇を打つために、ダース・モールと闘う。オビ＝ワンは一度奈落の縁にぶらさがる。しかも自分のライトセーバーをダース・モールに蹴り落とされてしまう。だが、クワイ＝ガンのライトセーバーをフォースの力で引き寄せ、それを使って相手を倒すのだ。それは、パダワンだったオビ＝ワンがマスターとなるための継承でもあった。

また『クローンの攻撃』でやはりオビ＝ワンがジャンゴ・フェットと闘う。クローン生命体を作る惑星カミーノで出会ったジャンゴが、先に来たジェダイを殺害したり、パドメ暗殺の黒幕ではないかとオビ＝ワンに追及されて逃げるのを捕まえようとする。そのジャンゴとの争いで落下して、ロープを繰り出して本当に宙づり状態となる。こうした垂直落下あるいは落下からの救出は、ダグラス・フェアバンクスやエロール・フリンが主演した連続活劇映画にたくさん出てくるので、珍しくはない。オビ＝ワンのようにぶら下がっておいて、身体をスイングして助かるというのも定番である。オビ＝ワンは将軍グリーヴァスを倒すときもやはり崖にぶら下がったまま銃を放つので、アナキン同様に崖に立たされる人物といえる。

自ら垂直落下することで死を覚悟して逃れることもある。サーガ全体でいちばん印象的なのは、『帝国の逆襲』でのルークの垂直落下だろう。これはダース・ベイダーにライトセーバーを持った手ごと斬り落とされ、父親であることを名乗られて、全面的に拒絶する場面である。命が助かると思って垂直落下したわけではないのだが、「死中に活を見出す」ことになる。結果としてゴミを都市の外へと捨てる機能によって、排出されて助かってしまう。クラウド・シティの底に突き出たアンテナのような突起にぶら下がっているところを、レイアがテレパシーで存在を感じて、ミレニアム・ファルコン号を引き戻させ、ルークを救助する。

そして『シスの復讐』で、銀河皇帝となったパルパティーンとヨーダが元老院の議場で闘ったときには、元老院議員が乗る円盤の縁に指先をかけたヨーダが落下してしまう。そしてダクトを使って命からがら逃げ出し、オーガナ元老院議員に助けられる。ヨーガが助かるタイミングはルークの場合と同じである。

もちろん、垂直落下は単純に死とつながる。ダース・モールがオビ゠ワンに倒されたときには、そのままエネルギー発生装置の円筒状のパイプの底へと落下していった。まるで、地獄か下水へと落ちるようなパターンだ。いちばん顕著な例は、銀河皇帝をダース・ベイダーが殺害するところだろう。正確には、ルークに腕を斬られてしまったベイダーが、銀河皇帝の指先から出た青い雷光に殺されかけているのを見て、助けに入り、持ち上げて落とす場面である。下に落ちて行った銀河皇帝は青い光の爆発によって、絶命したことが暗示される。その後第二デス・スターは破壊されてしまうので、完全に分解されてしまったと思われる。もっとも斬り落とされたルークの手や、消えたはずの銀河皇帝の魂に基づいて新しいスピンオフ作品を作るのも、連続活劇の伝統にあるといえる。ヒーローが死の淵から復活することなど珍しくない。シャーロック・ホームズだって、読者に乞われてライヘンバッハの滝壺への落下から蘇ったではないか。

2　生と死の境界線

【死者と火葬】

四大元素のなかでもとりわけ「火」はさまざまな働きをしめすものと考えられてきた。生命をめぐっては、生命そのものを「火」とみなす考えもあるが、現実には生命を奪うものとしての火の働きがある。

「スター・ウォーズ」というくらいなので、当然ながら戦死者や戦闘の犠牲者が出る。『新たなる希望』の冒頭で、オルデラーンの外交使節船に、ダース・ベイダーが乗り込んでくるところで戦闘が始まる。レーザー銃の撃ち合いで反乱軍側に死者が多数出て、レイアも捕縛されて降伏することになる。このあたりでは、全体に死の生々しさは表現されておらず、どことなくゲーム的である。なぜなら、この場合の死体は倒れているだけだからだ。

ところが強く印象を残すのは、その後に出てくる帝国軍によってジャワ族とルークの伯父夫婦が殺害されたようすである。家出したR2-D2を追いかけてルークはオビ＝ワンと出会い、彼の住まいで父親がジェダイの騎士として死んだと知らされる。そして、できればオルデラーンにまで来ないかと誘われる。だがルークは家の仕事があるからと断って、モス・アイズリー空港まで送ることになる。その途中でジャワ族が殺害され死体が残っているのと出会うのだが、ここはレイアがデス・スターで自白を強要されるのと見事なカットバックになっているので、つながりに無駄がない。

ダース・ベイダーに命令された帝国軍の兵士たちが、地上で脱出ポッドを発見し、それに乗っていたC－3POとR2－D2の足取りをたどって、ジャワ族のサンドクローラーを発見し、彼らを殺害したのだ。オビ＝ワンは、サンドピープル（タスケン・レイダー）の仕業に見せかけているが、射撃のうまさから実際は帝国軍だと見抜く。ルークはあわてて自宅へと戻るのだが、そこで見つけたのはオーウェンとベルの二人の焼け焦げた死体だった。彼らはルークがどこに出かけたのかを知らないので、教えることもできなかったはずだ。そしてルークが失意と復讐心を持ちながら、オビ＝ワンのもとへと戻ってきたときには、いっしょにオルデラーンへと行く決意が固まっていた。その会話のかたわらで、C－3POがジャワ族の死体を集めている。明らかに火葬か埋葬するためだ。

この一連の場面では、一方的に殺された者たちとして、ジャワ族や伯父夫婦が登場する。火器によって殺され、焼き払われた犠牲者であり、それはルーク三部作を英雄冒険として見ただけでは見逃してしまう。デス・スターへの攻撃の場面でも、墜落した反乱軍の戦闘機が激突して、内部にいた帝国軍の兵士たちが被害を受ける様子も描写される。「スター・ウォーズ」はそうした被害者にも目が行き届いていた。

C－3POとオビ＝ワンがジャワ族を火葬しているのに対して、エピソード6の『ジェダイの帰還』で、狩猟民族であるイウォーク族にとらわれたルークやソロが火あぶりにされかける場面がある。イウォーク族の目的は金色のC‐3POを神としてあがめ、彼らを神への捧げものとするためなのだが、彼らが「食人」の習慣を持つのかはわからない。だが埋葬ではないことは確かで、ソロたちは火による死の直前まで行く。その窮地を救ったのは、ルークがC‐3POの乗った椅子をフォースの力で空中浮遊させたおかげである。これによってC‐3POを神としてイウォーク族に本当に信じさせたのだ。

ルーク三部作での死は、いずれにせよ、アナキン三部作でのドロイド兵士やクローン兵士が大量に倒されるのとはずいぶん印象が異なる。なぜなら、人間が演じている場合には、遠慮なく殺せるCGではないし、反応もアナログであって、どうしても個体差が出てくる。ところが、居並ぶドロイド兵士の頭をライトセーバーで切り落としたり、クローン兵士が攻撃で倒されても、丁寧な描写はなされない。『ファントム・メナス』のナブーの戦いで、CGで作られたグンガンたちでさえも、倒されるときには一人ずつ個別化され、振り落とされる様子が出てくる。そして戦いで破壊されたドロイド兵士も、ジャワ族の場合のように集められてはいるのだが、その後コントロールを失って動かなくなったものと区別はない。ドロイドやクローンの兵士の死の場合には、大量死であって、何体を倒したのかという数値や集団として把握されるだけである。

【埋葬と火葬】

もちろんサーガで描かれるのは、兵士たちの戦闘中や戦争に巻き込まれた死だけではない。たとえば、タスケン・レイダーに誘拐されたシミ・スカイウォーカーは、救出に行った息子のアナキンによって死体となって持ち帰られる。布に包まれた身体が両手に抱えられ、葬儀によって墓石の下に埋葬される。アナキンの義父そして義兄のオーウェンと妻のベルと、アナキンとパドメというルークをめぐる人々が一堂に会することになる。この場面から察すると、ルークは祖母であるシミの墓を見て育った可能性もあるのだが、母を含めて一切言及のないルーク三部作においては、ルークが父親以外の家系をたどる意識はまったくない。

双子を出産後に亡くなったパドメの葬儀は、元女王で元老院議員なので、ナブーの「国葬」として厳かにおこなわれる。アナキンの運命を知ってしまい生きる意欲を失ったことが死を早めたのだ。ジャー・ジャー・ビンクスが付き添っているのが印象的である。彼こそはパドメに代わってナブーの代表となり、パルパティーン最高議長に非常時大権を委ねる演説を元老院でおこなって、クローン大戦のきっかけを作った人物ともいえる。それが道化的なジャー・ジャーの役目であった。

このように母としての女性たちの死は埋葬によって扱われるが、それに対して、英雄となる男には火葬が重要となる。ルーク三部作では、最後のエピソード6『ジェダイの帰還』でのダース・ベイダーの火葬が大きな意味を持つ。これはシスの暗黒卿から、アナキンというジェダイの騎士として帰還したことを告げる。しかも息子であるルークが火を点けるのだが、その傍らでは、エンドアの月全体で勝利を祝っているし、『特別編』による追加では銀河系全体が祝祭的な気分でいるのだ。だが、火葬はあくまでもひっそりとおこなわれる。悪名高いダース・ベイダーと新しいジェダイの騎士ルークとの関係を誰にも悟られないためである。ベイダーの顔を覆っていた黒の仮面が置かれ、脱いだ姿でアナキンは焼かれていく。これはサーガのエピソード6として、帝国の支配が終了したことの表現だし、ルークが本当に父を取り戻したという実感を与える。

それからアナキン三部作のエピソード1『ファントム・メナス』で、クワイ＝ガンがダース・モールに倒され、最後に火葬される。そこでは、多くのジェダイの騎士や関係者が集まっているが、とりわけヨーダがメイス・ウィンドゥとシスの復活について話しているのが重要だ。シスは師と弟子の二人で一組のはずだから、オビ＝ワンが倒したのがはたしてどちらなのかがその時点では不明だった。アナキンも含めた参列者のなかで元老院議員のパルパティーンの横顔に画面の焦点が合うことで、シスのマスターであることが予告される。

エピソード3の『シスの復讐』ですでにダース・ベイダーとなったアナキンは、オビ＝ワンとの戦いで腕を斬り落とされ、ムスタファーの溶岩の火が衣服から下半身に燃え移って、全身が火葬された状態になる。もちろん製作順でいえば先となるダース・ベイダー＝アナキンの火葬とつながっている。それは彼の黒仮面の姿になった理由の説明でもあるのだが、こちらの火葬では最終的には死なないのだ。同時に、アナキンは本来はクワイ＝ガンのパダワンとなるはずだったが、マスターが死んだことで、兄弟子であるオビ＝ワンに師事するしかなかった。つまり、クワイ＝ガンのようにジェダイの英雄として火葬されることを願っていたのに、結局はオビ＝ワンに倒され見捨てられてしまう。父親のいないアナキンが求めてやまないのに、今度も拒絶されてしまうのだ（パドメに「父親みたいなものだ」と言う場面がある）。

だから「アイ・ヘイチュー」という叫び声は自分の両手を斬り落としたオビ＝ワンに向けられたただ

けでなく、その背後にいるヨーダやウィンドゥも含めた能力を正当に評価してくれなかった「お前たち」を憎むことにもつながっているのだ。半分死にかけたダース・ベイダーを救ったのが、パルパティーンこと暗黒卿シディアスとなるが、与えられた名前だけでなく、実質的にダース・ベイダーとなったのはこの一種の火葬による。とりわけ、ジェダイの騎士として長年着てきた衣が焼け落ちてしまうことが重要だったのだろう。

だが、ルーク三部作には別の死の表現もある。エピソード4の『新たなる希望』でダース・ベイダーに斬られたオビ＝ワンの身体は霧のように消えてしまった。シナリオには「ベンの上衣は二つになって床に落ちるが、そのなかにベンはいない」とある。ゲームで死を露骨に表現するのを避ける場合に、死体が蒸発するように消失するのにも似ている。ダース・ベイダーが上衣を踏みつけて確認するほどだ。そしてエピソード6の『ジェダイの帰還』でヨーダが老衰で亡くなるときも同じように死体は残らない。こちらもシナリオには「ルークは死んだマスターが目の前で消えていくのを見つめている」とある。

こうした点からすると、ルーク三部作はまだファンタジーの領域にあったのだ。立派なジェダイの騎士となったルークを見守る、オビ＝ワン、ヨーダ、アナキンの三人の亡霊のなかで、きちんと火葬されたのがアナキンだけというのが、サーガ全体を「ダース・ベイダー＝アナキン・スカイウォーカーの悲劇」と理解するときに意味深に思えてくる。

【生と死の境界線】

火葬や埋葬は、灰になって埋められそのまま土に還るという意味だろう。ドロイド兵士やクローン兵士はそもそも消耗品であり、埋葬や墓という形で称えられることは絶対にない。人間やエイリアンと、ドロイドやクローンとの違いは、生と死の境界線にある。つまり、葬儀や埋葬という手順が必要なのも、それは生と死の状態がはっきりと異なると認識されているからだ。

『ファントム・メナス』でわかるように、ドロイドはコントロール船からの制御を失うと、いきなり木偶の棒となってしまう。クローンも事情は似ていて、少なくともサーガにおいては倒されても死と認識されていない。ボバ・フェットはジャンゴ・フェットのクローンであって、どれも同じ顔を持つ同一の個体に見える。もちろん私たちの現実世界ではドロイド兵士も、クローン兵士も存在していないが、そこに見え隠れする死生観はルーカスの体験と結びついているようだ。

ジョージ・ルーカスがモデストでの高校時代に車を暴走させて事故を起こし、新聞記事にまでなったのはよく知られている。長編第二作の『アメリカン・グラフィティ』で、一対一でスピードを競うドラッグ・レースを描いているのは、ルーカス自身の体験に基づくのだ。町の外から挑むためにやってきた若者の役にハリソン・フォードが採用されたことでも知られる。『理由なき反抗』(一九五五)での崖の縁まで車を走らせてどれだけぎりぎりで停車できるかを競うチキン・レースから、日本車を改造して公道でおこなう違法ドラッグ・レースを描いた『ワイルド・スピード』(二〇〇一)まで、映画のなかで若者たちが路上で車を使って競うのは珍しくない。若者の「無軌道な」セックス、酒やドラッグ、そしてスピードが社会問題となるのを描いているのだ。

自動車事故で生死の境目を味わったことは、ルーカスの人生観に影響を与えたはずだ。すでに述べたように、徴兵に応募したときに発覚した糖尿病のせいで、その後の生活に中庸を求めるようになった。こうした私的な要素が、「バランス」というサーガ全体の隠れた主題となった。ただし、それは静的な世界観ではなくて、サーガのなかにある相争うもの、つまりバランスを破ろうとする意志と、バランスを取り戻そうとする意志は、どちらもルーカスに起因する。ルーカスのテクノロジーへの関心は、自己の能力の拡張だけでなく、自己の抑制や制御ともつながっている。

時間の経過をしめす外部の汚れは、とりわけルーク三部作にはつきものである。意図的に「汚し」を入れたようなルークの家、薄汚れたモス・アイズリーの町、ミレニアム・ファルコン号。どれも年季が経過したように見える。それは『2001年宇宙の旅』が、月までの連絡船や宇宙ステーション、木星に向かうディスカバリー号などが純白であるのと対照的だった。宇宙だからこそ汚れないのではなくて、生活があればそこに汚れが必ずあるというわけだ(ブルッカー『スター・ウォーズ』)。

ジャンク屋のジャワ族から購入したC-3POをオイル風呂に入れて汚れを落とす場面が出てくる。あくまでも器械を洗浄するわけだが、さらにR2-D2にこびりついた汚れが銃によって生じたと知って、器械いじりとパイロットの腕はそのままルーカス自身とつながる。何でも自分でやっていかないと生活ができない「独立自営農民」に必要な能力でもあった。ホースオペラ(西部劇)の馬が、スペースオペラの宇宙船に替っても、手をかけるのに違いはない。農業で使う馬が自動車やトラクターに転じたようなものだ。

現状を維持するためにはたえず修理が必要となる。エピソード1の『ファントム・メナス』でR2

―D2が登場するのは、ナブーの外交使節船が通商連合の包囲網を突破するときだった。攻撃を受けて被弾したのを見事に修理したので、認められてパドメのそばにいることになった。その後R2―D2はアナキンといっしょに行動して、『シスの復讐』でのコルサントの戦いで、最高議長を誘拐したドゥークー伯爵から奪還するときに、オビ＝ワンやアナキンを助けることになる。

機械は汚れを落とすたけでなく、解体修理されることで見た目も新しくなる。その運命に翻弄されるのはC―3POである。汚れたボディが磨かれるだけでなく、解体と修理の運命が待っている。『新たなる希望』では、サンド・ピープルによって解体されてしまった。千切れた腕を前にして、自分を置いて先に行ってくれとヒロイックな台詞を吐くが、結局オビ＝ワンの住まいでルークによって組み立て直される。『帝国の逆襲』では、クラウド・シティで帝国軍を見かけたせいで、バラバラにされてしまう。チューバッカが頭を前後に胴体とつないでしまい、背負われながら背後を見ている。それでも最後にはきちんとした状態にもどされる。『クローンの攻撃』のジオノーシスの戦いでは、頭と胴体が分離されて、それぞれドロイド兵士と接合されてしまう。戦いのなかでジェダイによって切り離されて、R2―D2によってもう一度正しい状態に接合してもらうのだ。このように、機械だからこそ自在に分離と接合が可能なのである。

レイアに「ポンコツ」と呼ばれるほど古びているミレニアム・ファルコン号は、たえず修理をしたり手入れをする必要がある。ハン・ソロもチューバッカも工具を取り出して配線やメカニズムを直す姿が出てくる。ハイパードライブの装置が故障することをめぐる騒動は、ときにはR2―D2が手伝ったりもするが、ルークやレイアを含めたドタバタ騒動になる。王女であるはずのレイアまでがスパナを持って修理を手伝う場面もあるので、アナログな機械を扱っていることがよくわかる。こうした機械の故障や修理はコミカルな味をもたらすが、生命の場合には同じようには扱えない。

3　エコロジー思想との関連

【宇宙船地球号とデス・スター】

サーガにおける人工と自然の関係はルークとアナキンという身体のレヴェルでだけ表現されているわけではない。私たちは秘密要塞を「デス・スター」とカタカナで理解して、「死の星」とはあまり考えない。表面的には相手に死をもたらす星という意味なのだろうが、人工球体の要塞は、破壊した生命に満ちたオルデラーンのような惑星とは対極の存在である。ちなみに「スター・デストロイヤー」も「星を破壊する者」という意味だろう。

「宇宙船地球号」とはエコロジー思想において、運命共同体としての地球を考えさせるものだった。また、地球全体をひとつの生き物として考える「ガイア理論」もある。だが、デス・スターは要塞であるとともに、人工的な物に詰まった世界である。人工対自然の対比がはっきりしている。黒澤明の『隠し砦の三悪人』の「隠し砦」からもらった設定だが、デス・スターは内部がすべて人間によって制御されているという意味で、ひとつの閉じた系となっているのだ。

こうした小惑星規模の要塞という発想は、ルーカスが影響を受けたE・E・スミスに由来するのかもしれない。「スペースオペラの父」と呼ばれたスミスは、一九二八年からの「スカイラーク」シリーズで太陽系外へと舞台を広げた。このシリーズは巻を追うごとに主人公のシートンが乗る球体のスカイラーク号が巨大化していく。最初の直径は十二メートルほどだったのに、最後は一万キロメートルという規模になっている。こうなると、要塞なのか小惑星なのか判別がつかない。スペース・オペラの荒唐無稽性といえるが、そのまま帝国軍の要塞の姿と結びついていく。

そして「スカイラーク」以上に影響を与えたのが、銀河系全般へと活躍を広げた「レンズマン」シリーズである。ルーカスの銀河系における「フォース」や、善悪を背景に持った二つの文明のぶつかりあい、という設定はここからも影響を受けている。レンズマンは、翻訳されただけでなく、オリジナルストーリーによって『SF新世紀レンズマン』(一九八四)として劇場アニメとなり、その後テレビアニメのシリーズも作られたほどだ。「フラッシュ・ゴードン」などの連続活劇にヒントを得て、黒澤明の『隠し砦の三悪人』を書き直すときに「レンズマン」シリーズを取り込んでいったわけである(カミンスキー『スター・ウォーズ秘史』)。

レンズマンは二十億年前に、善なる「アリシア人」と邪悪な「エッドール人」それぞれの住む二つの銀河系が衝突したことで始まる。それはシス帝国が発見されて銀河共和国と遭遇したことで、善悪の因果の歴史をたどる発想とつながる。しかもシナリオの草稿の段階では「フォース」を媒介する「カイバー・クリスタル」が存在した。後にライトセーバーの柄の部分に埋め込まれることになり、それぞれの光の色合いや輝きが、クリスタルによって変わる設定となった。たいていは、青や緑なのだが、ベイダーやシディアスが赤い色とか、メイス・ウィンドゥが紫色といった具合だ。この「カイバー・クリスタル」は「レンズマン」の「レンズ」にあたるのだが、そうした装置を介在したほうが、フォースやテレパシーの力を正当化できると思われていたのだ。

とりわけ『銀河パトロール隊』（一九三七）から始まるキムボール・キニスンとその子どもたちを主人公にした四作が主軸となる。第二段階レンズマンといった成長があるのも、パダワンからマスターさらに評議会のメンバーへと上昇していくジェダイの騎士たちとも似ている。そして『ファースト・レンズマン』などの起源をたどる話が後に書かれたのも、サーガが選んだ手法でもある。

『銀河パトロール隊』に出てくるキニスンが、精神感応していたレンズマンの一人が惑星トレンコで亡くなったのを感知する場面は、明らかにフォースの乱れをオビ＝ワンやヨーダが感じるのと同じである。レイアとルークの間にあるこうしたテレパシー能力は、通信手段が、電信から電波へと飛躍的に発展をとげた十九世紀から二十世紀にかけて信憑性を増したのだ。もっともスミスは、レンズという媒体装置を使うことで科学的であろうとした。だが、ルーカスは最終的にカイバー・クリスタルという設定を捨てて、よりスピリチュアルな表現を選択した。ルークとレイアがテレパシーを使えたり、死んだ後に死体が残らないというファンタジー的な処理ともつながっている。

第一次世界大戦と第二次世界大戦の間のいわゆる戦間期にスペースオペラは飛躍的な発展を遂げた。ルーカスが少年時代から愛読したSF作品は、小説であれ、コミックスであれ、映画であれ規模を広げ、さまざまな主題を扱っていた。だがその時点では大きいことはいい事であり、軍事力の強大化が科学力と結託していたのだ。その反省が始まるのは、原子爆弾を実戦で使用した後のことだった。核戦争の恐怖のなかで、生態系を守るということにSFが強い関心を向けるようになった。

【エコロジーとフォース】

一九六〇年から始まったヴェトナム戦争を同時代として体験した世代として、ジョージ・ルーカスは、戦争に対して複雑な思いを持っていた。彼が戦場に向かわなかった理由はあくまでも自身の病気であり、兵役拒否のような積極的な思想からではなかった。だが、最大の環境破壊としての戦争のようすは、戦後普及したテレビによって家庭にまでカラーで届くようになった。ヴェトナム戦争でのナパーム弾による破壊などを遠く離れたアメリカで見ることができた。

コンピューターのシミュレーションによって早期解決すると目論んでいたにもかかわらず、結末は見えずに泥沼化し、結局アメリカは七五年に敗退した。宣戦布告をせずに、フランスを援助する形で参戦した戦争なので、終結も曖昧なままだった。ＶＦＸを使えるようになった『ジェダイの帰還』の第二デス・スターへの総攻撃、さらにアナキン三部作によって、こうした物量作戦が画面上に再現された。コッポラが『地獄の黙示録』で描き出した敵と見方が判別不能な泥沼の戦場のＳＦ的な再現となったのだ。

コッポラが製作に参加した『コヤニスカッツィ』（一九八二）は、そうした文明という名の蛮行に対する告発でもあった。コッドフリー・レッジョ監督は、フィリップ・グラスの音楽とともに台詞も入れずに映像だけでアメリカの現状を批判的に見せた。「コヤニスカッツィ」とはホピ族の言葉で「バランスが崩れた世界」だった。アメリカの都市と自然のバランスが崩れているさまを表すのだ。資源のために開発されて壊されていくアメリカの崇高な風景と集積回路のように人口や建物が密集する大都会、さらにベルトコンベヤーのように動く人の姿と生産ラインが並列される。

ルーク三部作を終えたルーカスも第二作となる『ポワカッツィ』(一九八七)に参加した。タイトルはこれもホピ族の言葉からとられ、「ポワカッツィ」とは「移りゆく世界」という意味だった。第三世界を舞台にして、行き過ぎた文明の発達への懐疑が音楽とともに描き出される。台詞がなく、映像と音楽だけでできたドキュメンタリー映画の手法の作品だが、そこにはイメージの連結による表現があった。これは学生時代からのルーカスの関心とつながるものだ。アナキン三部作で、VFXを駆使するのも、映像によって分からせたいという思いからだが、そこには物量的な戦いのむなしさがある。

ヴェトナム反戦の動きのなかで、ルーカスの「フォース」の設定には、東洋の「気」の考えなどさまざまな「精神世界」の考えが入り込んでいる。東洋的な影響は、黒澤明の映画などだけでなく、もっと広範囲な考えを含んでいる。もともと十九世紀のアメリカは心霊現象を肯定する「スピリチュアリズム」発祥の地でもあった。フォックス姉妹によって、霊が語るという降霊術が広がり、ヨーロッパにまで大流行をする。わが国には「こっくりさん」の形で入ってきたのだ。もっとも姉妹はインチキをしていたことがばれたのだが。

一九七五年に終結したヴェトナム戦争の末期の閉塞感がもたらしたのは、厭戦気分の軍隊内でのアルコールや麻薬の蔓延や、戦争後遺症を抱えた多くの若者たちだった。そのときに個人のバランスから出発するスピリチュアルなものへと向かったのだ。対抗思想として、組織や集団ではなくて個人の平穏や救済を目的とする「ヨガ」や「ゼン(禅)」といったものが大きな流行となった。ルーカスが自分を「仏教的メソジスト」と呼ぶのも、時代の流れのせいだが、そこでの仏教は自己の解脱を目指す「小乗仏教系」であろう。アナキンといえども、「戦争を終わらせる」というパルパティーン最高議長の言葉を信じて、しだいに暗黒面へと傾斜していく。

『スター・ウォーズ』が、勧善懲悪のように見えて若者に支持されたのも、現実のアメリカや世界の政治状況が泥沼化して、誰が敵で味方なのか判別できなくなっていたせいである。敵の側は黒ずくめのダース・ベイダーやナチスを思わせる軍服を着る者たち、そして味方になる側はいでたちも階級もさまざまな者、とりわけ女性がいる。ヒッピーのような思想や格式ばったものを嫌った対抗文化を示している。そして、ニクソン大統領のように、共和国アメリカの理念を裏切る「大統領の犯罪」という体験をした世代にとっては、元老院の最高議長が悪の黒幕であるという設定もあながち荒唐無稽とはいえないのだ。

【循環とゴミまみれ】

ルーク三部作は、砂漠のタトゥイーンという厳しい環境から物語を始めたことで、さまざまなものを循環させたり再利用する世界を描いている。水分抽出農場をどうにか経営するオーウェン家の財政は苦しい。ルークを帝国アカデミーへと行かせるのにはそれなりの生産を確保しなくてはならない。ルークはドロイド二体を購入したので、伯父夫婦だけで農業をおこなえるはずだと主張する。そのドロイドも新品を買えないので、ジャワ族が集めてきた中古品しか手に入らない。しかも、盗品の可能性さえもあるのだ。

ルーカスが読んだことがあるせいで、タトゥイーンの砂漠の世界の設定に関連したとされるのが、フランク・ハーバートの『デューン／砂の惑星』(一九六五)である。カルト的人気のある小説として知られるが、ホドロフスキー監督による映画化の話と挫折があり、その準備シナリオが映画仲間に出回っていたので、ルーカスの目に触れた可能性がある。その後、一九八四年にデヴィッド・リンチによる映画化もされ、テレビドラマも製作された。

身近にあったオレゴン砂漠にヒントを得たとされるが、独特の世界観は多くがアラブ世界の風物や出来事に基づいている。アラキスという砂漠の惑星で採取されるスパイスが知覚能力を高め、宇宙船の航行にも不可欠となっている。サーガにも確かにスパイスの話がちらりと登場するが、フォースとは直接関係はない。そして、砂漠の民フレメンが救世主が到来を望むというのも、イスラム教などの救世主物語が背景にある。救世主問題は、サーガのなかでは、ルーク三部作よりも、アナキン三部作のなかで内面化されたように思える。

『砂の惑星』では、巨大な「砂虫《サンド・ワーム》」が砂漠を動き回り、それが世界の浄化に役立っている。『帝国の逆襲』で修理のためにミレニアム・ファルコン号が小惑星の洞窟に隠れたら、それが巨大な蛇とも虫ともつかない生物の体内だったという場面がある。かろうじて脱出するわけだが、ある意味「砂虫」のイメージの借用かもしれない（この砂虫が東宝怪獣のモスラとともに宮崎駿の『風の谷のナウシカ』の王蟲の原型になったことは、拙著『モスラの精神史』で指摘しておいた）。

もっとも、タトゥイーンの砂漠とモス・アイズリーの設定から連想されるのは、フランス映画の『望郷』のなかに出てくる迷宮としてのカスバのイメージや、敵味方が入り乱れている『カサブランカ』といった第二次世界大戦を舞台にした映画を経由している。「オリエンタル」なものとして、ヨーロッパが北アフリカを表現してきた伝統を継いでいるのだろう（これに関しては第6章で触れる）。

それにしても、『砂の惑星』が提起したエコロジーやエコシステムという観点は、それ以降のSFが拡張主義的な建設やエネルギーの乱費を表現するだけではすまなくなったことを示している。その視覚的な象徴こそがルーク三部作で丁寧に二度破壊されるデス・スターだった。エコロジーへの関心は、七〇年代のカリフォルニア州の大気汚染のような公害によって、アメリカの崇高な風景が汚染されつつある状況への反発でもあった。ルーカスがいたカリフォルニアはヒッピーなどの運動の中心地であり、自然回帰の運動が見つけ出したのは、先住民たちの生活だった。

その意味で「ホピ族」の言葉を使った『コヤニスカッツィ』は、バランスを崩した世界への批判者としての先住民という視点を持ち込んでいる。日本にも翻訳紹介されたカルロス・カスタネダの『ドン・ファンの教え』(一九六八)の考えともつながる。もっとも文明批判をするドン・ファンにあたるヤキ族の先住民がいたのかは不明のところもあるが、ドイツのエーリッヒ・ショイルマンが書いたサモアの族長によるヨーロッパ批判という触れこみの『パパラギ』(一九二〇)のようなフィクションと方向性は同じだろう。

文明が生み出すさまざまな過剰への批判としてのエコロジー思想が取り上げたのは物質の循環や食物連鎖や生態学的なバランスだった。それは宇宙空間に浮かんだ閉じた系を作る人工物にとっては切実となる。地球上では排泄物や廃棄物が大地によって分解され循環するというのが基本だからだ。

デス・スターのなかで、ルークたちが落下したのはゴミ処理システムだった。もっとも、ゴミとして落下したわけではない。レイアが銃で意図的に刑務所の廊下の壁に穴を開けて、そこにルークたちもいっしょに飛び込んだだけである。これは命が救われる垂直落下なのである。『不思議の国のアリス』で穴に落ちたアリスを最後に救ったのは「枝や枯葉の山」だったように、ゴミと貯まった汚水がルークたち四人の命を救ったのである。こうした少女が落下する趣向は、パオロ・バチガルピの『ねじまき少女』(二〇〇九)などに引き継がれている。チューバッカが臭いに抗議する様子からも酷い場所だとわかる。だが、そこに生息する生物にとっては落ちてきたゴミも人も違いはない。ゴミ処理施設の生き物に襲われかけたときに、ルークたちはゴミと等しい存在として扱われることになる。

こうしたゴミ処理は『帝国の逆襲』でスター・デストロイヤーの追跡を逃れたときにも利用される。巨大宇宙船の壁面にコバンザメのように張りついていたミレニアム・ファルコン号は、ワープ航法へ移行する前にゴミを捨てるという習慣を利用して、排出物にまぎれて逃げるのだ。実際には賞金稼ぎのボバ・フェットの船が隠れていて、通報されてクラウド・シティにダース・ベイダーが先回りすることになる。クラウド・シティでルークが最後に救われるのもゴミを落とす穴によってだった。

スター・デストロイヤーがレイアの乗った外交使節船を腹に取り込んだり、R2-D2がジャワ族のサンドクローラーからぶら下がった掃除機のような吸入口に吸い込まれて以来、キャラクターたちが管や円筒に飲みこまれたり吐き出されたりといったプロセスを繰り返しながら物語は進んでいく。ときにはワイドスクリーンを模したようなデス・スターや通商連合の宇宙船の入口に飲みこまれていく(明らかに『2001年宇宙の旅』の宇宙ステーションの入口へのオマージュだ)、あるいは四角や丸い窓が破られて、ルークたちが吸い出されたりもする。物語にとっての一種の新陳代謝がある。

そして、ルーク三部作でのデス・スターもスター・デストロイヤーも人工的なせいで内部で完結した空間だからこそ、循環されないものは大地に還ることもできず、ゴミとして放出されるのだ。デス・スターの排熱口というアイデアは、自動車マニアだったルーカスらしいメカニズムの理解に基づくものだった。スター・デストロイヤーが投げたゴミは、宇宙空間を漂う「デブリ」となる。そして、『シスの復讐』で、コルサントの上空から落下する宇宙船が半分折れた姿として表現されているようにいつか惑星や太陽に落ちるか、粉々になったオルデラーンの破片のように永遠にさまようだけである。そこには循環されるまで漂うゴミの運命が描かれていた。

4　火と水の役割

【破壊と創造の火】

サーガでは宇宙空間もそのひとつといえる崇高な風景のなかで、四大元素のなかでも、火や水の力が描き出されることになる。なかでも「火」は文明を表すものとして働いてきた。たとえば『帝国の逆襲』で、惑星ダゴバにあるヨーダの隠居所での木の根を煮炊きをする所に火が出てくる。ルークが食べる糧食と異なり味はまずいようだ。そして、『ジェダイの帰還』のイウォークたちはハン・ソロたちを火あぶりにしようとするくらいには火の扱いに慣れている。『クローンの攻撃』で、アナキンが母親を奪還しようとして忍び込むタスケン・レーダーの集落でも火がたかれている。これらの火は文明の証拠として使われている。神から人類に火をもたらしたとされるプロメテウスの神話で知られるように、文明が火と直結するものと考えられてきた。ジオノーシスでのドロイド兵士製造工場で、火花と熱によって次々と製造されているのがひとつの究極の姿だろう。

骨や木や石といった簡単な道具ならば、人類だけでなく霊長類も使っている。石で木の実を砕いたり、アリを枝でつったりする。けれども火の利用と制御は他の生物と区別する能力である。しかも縄文式でわかるように土器が文明の重要な手がかりとなるのも、火による変化が不可逆なもので、土のなかで還元されずに残っているせいなのだ。火を使用するかどうかは、サーガ全体を考えたときに、エイリアンかモンスターかを判別する基準となる。つまりイウォークもサンド・ピープルも言語を持ち火を使っているので、元老院を構成する「人間」の仲間に入ることができるのである。

さらに、サーガで特徴的なのは、エネルギー源をめぐっての戦いであることだ。正確にいえば、エネルギーを絶つことによって、相手を粉砕することになる。ルーク三部作のデス・スターも第二デス・スターも、排熱パイプなどの外部に開いた経路によって、中心のエネルギー源が攻撃されることになった。また『ファントム・メナス』でダース・モールとクワイ＝ガン、オビ＝ワンが闘うのも、ナブーの王宮の地下のエネルギー施設でだった。溶岩惑星のムスタファーが最終的にオビ＝ワンとダース・ベイダーとなったアナキンの対決の場であるが、闘いの途中で、制御装置が壊されて暴走することで自壊することになる。

エネルギー源が潰えたせいで崩壊するというのは、ルーカスに大きな影響を与えた『禁断の惑星』（一九五六）とのつながりを感じさせる。シェイクスピアによる、孤島を舞台にした『テンペスト』という劇を書き直したとされる。惑星アルテア4に来た調査団を襲う「イドの怪物」で知られるように、わが子を手放したくない父親の無意識が大きな鍵を握っていた。映画のなかで先住民の残した地核と関連するエネルギー装置が登場する。それはマット画で描かれたのだが、ナブーの王宮の地下にあるエネルギー施設などを連想させる。そして、最後にはこの装置が爆発して、惑星ごと吹き飛んでしまうのだ。ここに出てきたロボットのロビーは姿形からR2‐D2の原型とされる。考えてみれば「R」がロボットを表していても不思議ではないので、ここに先祖があるのだ。

エネルギー源としての「火」が、今度は破壊する力となる。それが反乱軍側の劣勢を補う手段だった。相手の力を利用して破壊力を増すというのは、ルーカスが参照した戦記映画の『暁の出撃』でも使われていた。ルール地方のダムを破壊するときに、ダムに接近して爆弾を爆発させると、水圧が作用して分厚いダムが壊れるというものだった。これはすぐにテロリストの手段ともなる。システムの脆弱な点をついてダウンさせることができるからだ。『ファントム・メナス』で、戦闘機を操縦したアナキンが、通商連合の船に潜り込んで、エネルギー源を爆破して、ドロイド兵士の管制システムをダウンさせたのも同じ手法である。

火器を利用して戦争が終結し平和が訪れるのだが、その後に膨大な残骸や廃墟やゴミが残ることである。使用されなくなったドロイド兵士やクローン兵士、スター・デストロイヤーやさまざまな兵器が残されたはずだ。もちろんフィクションであるスペースオペラを現実還元してどうなるのか、という批判もあるだろうし、ヒーローたちは敵を破壊してカタルシスを得た後のことなど何も考えない。観客もそれ以上の責任は望まないだろう。

それでもエコロジーと結びついていて、ゴミ問題にまで触れているサーガにおいて、復興をまったく考えないというのも不足かもしれない。ムスタファーの溶岩が、施設の建物やさまざまな装置を火のなかに包み込んで溶かしてしまったように、銀河系が原初のビッグ・バンの状態にでも戻らない限り、たとえ循環型の世界を追及しても、そこには完全な循環はありえない。残っているゴミが次なる悪や災いの元となって増殖してしまう可能性があるのだ。

【癒しと生命の水】

では、破壊と創造の双方の力を持っている「火」の勢いを止めたり制御するのは、四大元素のなかで何かといえば、もちろん「水」である。同時に生命を維持するために不可欠なものとして、それが別の役目を果たす。

タトゥイーンの水分抽出農場は、空気中の水を取り込むことで農業をおこなうことができるのだ。それは砂漠に残っている水をすべて採りつくすことで、水の恩恵を最大限に利用している。ルークたちが住んでいた半地下の住居は、まさに乾燥対策なのだが、生命を維持するための必要な措置だった。『帝国の逆襲』でホスの氷原で一夜を過ごし、凍傷を負ったルークが救出されて、身体の組織を再生するためにタンクのなかに入れられる。水中に浮かんでいるのが、羊水のなかで浮かんでいる胎児も思わせ、母への言及のないルーク三部作のなかで、限りなく母性的なものに近づき、ルークが包まれた瞬間となる。そして惑星ダゴバの湿地こそが、彼を別な形で包む。ルークは「懐かしいどこか居心地がいい場所」という印象を持つのは、何よりもタトゥイーンに比べて水が豊富なせいである。

これはアナキン三部作の惑星ナブーの首都には滝がたくさんあり、グンガンたちが水中に住んでいるという設定ともつながる。レイアのふるさとであるオルデラーンのように水が豊かで、しかもホスのように氷雪になってはいない。だから、あふれる水を背景に、アナキンとパドメが愛し合うのも、そこが生命を肯定し、生命を授かる場所だからだ。

それに対して、クローン兵士を製造する惑星カミーノは、雨と風の嵐におおわれていて、荒れた海のなかに都市を構えている。これはドロイド兵士を作り出すジオノーシスが、火と熱とに満ちているのと対照的なのだ。金属を加工する機械の製造には火が不可欠だが、クローンは複製するだけなので必ずしも火が要らないのだ。これは擬似生命をめぐるエピソードの場所なので、ナブーのような平穏な世界として描かれなかったのだろう。

しかも救済としての水が、『シスの復讐』で登場する。パルパティーン最高議長によって発せられた「オーダー66」によって、ジェダイの騎士の抹殺がおこなわれる。巨大なトカゲに乗って先頭に立って戦っていたオビ＝ワンが、味方であるはずのクローン兵士に背後から攻撃されたことによって、崖の上から転落する。落ちたオビ＝ワンを救済したのが水たまりだった。それは『新たなる希望』でゴミ処理施設にルークたちが転落したときに、水があったせいで助かったのと似ている。垂直落下を死と結びつけないのが水なのだ。そういう形で、四大元素のイメージがあちこちで働くことで、サーガ全体を叙事詩映画として成立させているのだ。

【ルーカスの銀河系】

ルーカスが描く銀河系全体には、デス・スターのような排熱のための出口がない。全体が閉じた系となっている。『帝国の逆襲』の最後で、ルークとレイアが寄り添って見つめる巨大な銀河系が画面全体にアップとなる。これがルーカスの銀河系を外から見たものだとすると、内部でしか循環は許されない。新しく誕生したり生成する要素がないのならば、手持ちの素材、既存の材料に基づいて歴史を作っていくしかない。その意味で、この銀河系の年代記の出来事が、どこかしらサーガのエピソードの焼き直しに見えてくるのも当然である。

銀河系が渦を描くように、円環や循環が大きなイメージを作っている。『シスの復讐』でオビ＝ワンとアナキンが対決するときに、二人が互いに距離をとって円を描くように動き回る場面がある。自分を裏切ったとしてパドメを殺しかけたアナキンと、アナキンがシスの暗黒面へ墜落してしまい自分のマスターとしての至らなさに、距離を取りつつ相手を倒そうとする。ライトセーバーを交えながら、溶岩の上で「ぼくの見方からすれば、ジェダイこそ邪悪だ」とアナキンは言い放つ。火の力によって流動的となった大地が、そのときのアナキンとオビ＝ワンのそれぞれの立場を示している。しかも流動的な大地から、オビ＝ワンの立つ固い大地に飛び移ろうとしたときに、アナキンの両腕は斬り落とされてしまうのだ。

このように円の反対側に距離をとっている限りは、両者が交わることはない。ルークとアナキンの違いは、人工的なものを体内に取り込みながらも、それを補助的に使うのか、それともしだいに支配されるのかの違いである。だから、ルークによって右手が斬り落とされたことによって、アナキン＝ダース・ベイダーの生身が露出する。鉄仮面が外され、空気が直接口のなかに入ることで、声も肉声となり、人工呼吸器を使わずに最後の息をする。この状態になったことで、ようやくアナキン・スカイウォーカーは火葬されて、生物として土へと還る準備が整ったのだ。

ルーカスの銀河系の循環の世界のなかでは、火と水の力は相反するようでいて、全体のシステムにとってどちらも不可欠である。だから火と水のどちらを善とか悪という価値判断を与えることはできない。だいいちサーガのなかで「グッド」を連発するのは、皮肉にも悪の権化に見えるパルパティーン最高議長＝暗黒卿シディアスではないか。善と悪の役割が表面的にはキャラクター別に分配できるようでいて、じつはそれほど単純ではない。一元化された銀河系を前提にしている以上、内部から生み出されるものを拒否や根絶ができない。それは移民国家として世界中の人種や民族を集めたように見え、近代の共和国であるアメリカを、そのまま全世界と考えがちである。アメリカにとって、「銀河系＝全世界」の図式は素朴に信じられる世界像であり、同時にその一元化した世界像の妥当性がサーガのなかでも試されてしまうのだ。

バランスを取らなくてはならないのが、銀河系に満ちているフォースだとすると、サーガのなかで使い分けられている「フォース」と「パワー」は、善と悪との関係と同じく多義的である。アナキンがシスになって得る「新しいパワー」は銀河系全体のフォースと矛盾するようでいて、そうした「パワー」なしにジェダイや反乱軍は戦えるのかという問いかけも含んでいる。

アナキンを誘惑したはずの死者を甦らせるという暗黒面の力を、ダース・ベイダーが使うことはなかった。パドメやシミを死者の国から連れ帰ることはできなかった。ジェダイたちはどうやら亡霊となって、次のジェダイにあれこれ助言できるようだが、シスにはそうしたやり方はないようだ。ただ、スピンオフ作品に、シディアスの魂が、ひそかに造っておいたクローンの身体に宿って、新しい共和国を脅かすという筋はあるが、やはりサーガとは別の物語といえるだろう。

いずれにせよ、循環する世界としての銀河系は、帝国と共和国をめぐる循環のなかにいる。エコロジー的には完全な循環をするためには、不要なゴミというものが存在してはならない。なぜなら、すべてが次なるものの素材としてリサイクル可能とみなせるがエコロジー思想の理想となるからだ。その観点からすると、暗黒面に落ちたアナキンにも、ルーカスの銀河系を貫く大いなる運命における役割があることになる。

しかもサーガ自体が、スペースオペラやファンタジーといった古くさいと思われていた文化をルーカスがリサイクルすることによって作り上げたものなのだ。このようにつなげてみると、「共和国」という英語も、「リ＝パブリック」つまりは「再び公共のものとする」と思えてくる。失われたものを取り戻すことや回復することは、循環する世界のなかではとても重要なことなのだ。それを支えているのが、四大元素で表される作品内の風景や要素だった。

第6章　西部という「坩堝《るつぼ》」

1　オリエントとしての西部

【西部というロケーション】

ルーカスが影響を受けたスペースオペラが西部劇の延長なので、サーガが西部という土地に根差している点をもう少しはっきりとさせよう。サーガのなかでは時代も文化背景もバラバラな要素を借用しながら、ルーカスの内部で矛盾を感じないのは、さまざまなオリエント・イメージの借用からなる西部で育ったことと無縁ではないはずである。東洋や西洋あるいは中世や未来の複数の要素を統合して平然としていられるルーカスの銀河系は、アメリカとりわけカリフォルニアを中心とした文化と歴史の博物館となっているのだ。

西部劇の舞台となるアメリカ西部の地理的な位置関係からすると、北はカナダとの国境線、東はロッキー山脈、南はメキシコとの国境線があり、西は太平洋に面している。この西部には砂漠から火山や氷原まで叙事詩映画にふさわしい崇高な風景があり、フロンティアの神話の場所としての騎兵隊と先住民との戦いの歴史などが織りなされてきた。一八四九年にはカリフォルニアでゴールドラッシュがあり、南北戦争後には南部の敗残兵が入り込んだり、十九世紀末には保安官とアウトローの闘いがあったり、その後エコロジー思想をはぐくんだりヒッピーの聖地になったように、東部の堅苦しい文化と対抗する独自の西海岸の文化が生まれてきた。

ルーカスは、第一作の『THX－1138』でアメリカの近未来を描き、第二作の『アメリカン・グラフィティ』では自分の出自を見つめ直した。第三作の『スター・ウォーズ』では、より広範囲な文化や生活様式がまじりあった世界が舞台となったのも当然かもしれない。そのときにカリフォルニアを中心とした西部の風景や文化をそのまま拡張して、アメリカ全体、ひいては世界全体と錯覚すること、これはハリウッド映画の根柢にある自負と楽観主義とつながっている。そのとき形式として、宇宙に舞台を広げたスペースオペラがふさわしいのだし、平和を維持するために戦うジェダイの騎士とはアメリカのことだという見方も可能となる。スペースオペラが、二十世紀前半の宇宙を舞台にした「西部劇」として採用したガンファイトの代わりに、中世の騎士物語やアジアから持ちこんだ剣によるファイトへと置き換えられたのだ。

「はじめに」でも述べたように、ルーカスたちがSF映画を作ろうとしたときに、一九六八年に公開された二本の記念碑的な映画が念頭にあった。思弁的なSFの原型となった『2001年宇宙の旅』、そして冒険SFを組み合わせた『猿の惑星』である。どちらも未来からの警告と進化をめぐる問いかけを含んでいる。前者はコンピューターと宇宙の「オデュッセイア」という叙事詩映画のつながりを浮かび上がらせた。NASAによるシミュレーションの結果の白い宇宙船の造形を、ルーカスたちはもっと自由に借用した。後者は核戦争の恐怖と、種としての人間の支配権の衰退について描き出していた。猿の着ぐるみや未来と過去の同居がルーカスたちに影響を与えた。

そして『アンドロメダ……』（原作『アンドロメダ病原体』）（一九七一）が地球外部から飛来する病原菌をめぐるサスペンス映画といえる。さらに管理された地球から宇宙ステーションで育てていた植物を抹殺する指令を受けた主人公が宇宙の果てへと逃れる『サイレント・ランニング』（一九七二）も、人口増大のなかで禁断の食料が生み出される『ソイレント・グリーン』（一九七三）も、エコロジーSFとして将来を悲観する内容である。そこには、宇宙船地球号の持つ窮屈な未来像が描かれていた。それに対して『未来惑星ザルドス』（一九七四）は、見た目は不老不死であるユートピア世界に「死」をもたらす主人公を登場させた。そして生き残りのために死のレースをおこなう近未来を予想した『デス・レース2000年』（一九七五）は、他方でレースに反対する反政府組織の動きも描いていた。

こうした作品をいくつか取り上げただけでもわかるが、ハリウッド発のSF映画は全体に低予算のB級映画の扱いであり、ヴェトナム戦争末期の閉塞感を映し出して、管理された未来社会への絶望を語るか、不条理の状況を打破するために反抗や暴力的な場面を含むものだった。ルーカスは第一作の『THX-1138』で、管理社会となった未来からの警告という思弁的なシリアスなSFの系譜の作品を提出したはずだったが、興行的に失敗して受け入れられなかった。その路線を変更したのが『スター・ウォーズ』であり、内面に複雑さを抱えてはいるが、善玉と悪玉の役割がはっきりとし、相手を倒すことに明快な西部劇の図式をここに持ち込むことになった。エンターテインメントによって自分の主張を語る方向へと舵をとったのだが、そのときに採用した「西部劇」は、ルーカスが生まれ育った西部というローカルな空間を背景にして育ったジャンルである。

それまでの西部劇とSFという組み合わせは、たとえば著者のマイケル・クライトンが監督した

『ウエストワールド』(一九七三)のように、テーマパークのなかで演じられた虚構という表現をとった。ロボットが保安官やガンマンを務めて、人間が機械を撃ち殺す喜びをえるための娯楽施設だった。ところが『スター・ウォーズ』の成功後、過去の西部劇を焼き直したスペースオペラがたくさん作られる。『宇宙の7人』(一九八〇)は、邦題でわかるとおりの内容で、低予算のB級作品すぎて評価は低い。ただ『荒野の七人』にも出たロバート・ボーンが顔を見せているせいで、カルト的な人気を得ている。それに対して、ショーン・コネリーが主演した『アウトランド』(一九八一)は、『真昼の決闘』の翻案として一定の評価を得ている。鉱山町を舞台にしたハードボイルドタッチもあって、いくつもの西部劇映画を連想させる。そして『未来惑星ザルドス』では全裸に近いいささか不似合いな姿をさせられたコネリーが西部劇の保安官然とした役割をこなしていた。このように西部劇というジャンルの衰退を補うものとしてSF映画というジャンルが発見されていったのだ(石上三登志『SF映画の冒険』)。

【オリエントとしての西部】

砂漠のタトゥイーンを、ルークとアナキンの二人の主人公の出発点としたせいで、『ベン・ハー』や『砂の惑星』のように砂漠の救世主物語とつながり、聖書などを連想させることになった。カリフォルニアも含めた四州に広がるモハーヴェ砂漠は、ヨーロッパから見る「オリエント」とつながって理解されてきた。

ジョン・スタインベックは『怒りの葡萄』で、大恐慌のなかで銀行によって土地を追われて、カリフォルニアの果樹園の仕事をするために移動するジョード一家を扱った。ジョン・フォードの優れた映画にもなったが、タイトルが聖書から採られているように、聖書のなかの「出エジプト記」の移動の物語がそこに重ねられている。砂漠や荒野ばかりでなく、アメリカ西部そのものが、そもそも「オリエント」や「東洋」を連想させる場所で、意図的にそう感じるように作り上げられてきた、とフランカヴィーリャは指摘する(『ゴー・イースト、ヤング・マン(若者よ東を目指せ)』)。

カリフォルニアにある地中海性気候は、気候学者のケッペンが柑橘類の植生から分類したもので、ギリシアやイタリアだけでなく、北アフリカのカサブランカや中東のレバノンにも共通する。これがサンフランシスコやロサンジェルスにもあてはまり、身近な環境として存在していた。しかも意図的に風景の「オリエント」化がおこなわれてきた。このあたりは「天使たち《ロサンジェルス》」という名前や「聖《サン》フランシスコ」など聖人の名前が地名についている。南カリフォルニアにパームツリー(棕櫚の木)を植えたのは、キリストのエルサレム入城で知られるこの木の聖書的な意義を感じたフランシスコ会だった。現在ロサンジェルスに多いのは、その後の二十世紀のガーデニングブームのせいでもあるが、その発端はこの地の景観を作り変えるという宗教的な野心なのだ。

大きな「塩の海《ソルト・レイク》」のあるユタ州のようにモルモン教徒の聖地として、シリアのような気候を持つ南カリフォルニアは中近東を連想させる地名がつけられ、さらに「極東」から日本人や中国人がやってきた。太平天国の乱などの内戦の影響もあり、広東省から多くの中国人労働者が渡ってきて鉄道建設に従事した。日本人は、明治維新後すぐのハワイ移民から始まってアメリカに来ていたが、一九〇八年の日米紳士協定のおかげで、非熟練労働者以外の移民が認められていた。だが、一九二四年の移民法でアジア系の割り当てがゼロになったので、それ以上移民できなくなっていた(いわゆる「排日移民法」とされる)。それでも中国系や日系のアメリカ人は二世や三世としてアメリカ国民となっていた(★4)。

アメリカの西に、アラビアンナイトに触発された建築など「オリエント」や「オリエンタル」が集まるなかで、カリフォルニア州モデストで育ち南カリフォルニア大学に通ったルーカスには、出自の異なる多様な文化との接点がたくさんあった。六〇年代以降の対抗文化(カウンター・カルチャー)の時代には、東洋的な思想の価値が見なおされ摂取された。だからこそルーカスも自分から「仏教的メソジスト」と名乗ったりする。ワシントン州タコマに生まれた『砂の惑星』のハーバートも、カトリックだったのだが、「ゼン・ブッディスト(禅仏教徒)」として亡くなった。サーガの登場人物が多種多様なのも、一種の西部流の雑多な文化のおかげともいえる。そもそも西部劇のシンボルであるカウボーイもスペインから来たもので、彼らの独特の話し言葉には「ロデオ」のようにスペイン語が混じっていたりする。

サーガの世界では東洋の「気」もレーザー銃も中世の剣術も同居している。たしかに「ならず者」「ギャンブラー」「襲われる農民」「銃の早撃ち」と西部劇の痕跡が至る所にある。『ジェダイの帰還』では、ジャバ・ザ・ハットの宮殿で、鎖につながれた女性を怪物のいけにえにしたり、捉えた王女を半裸体にする。野蛮で未開な世界がタトゥイーンの荒野にはある。もちろんアナキン三部作ではより露骨に、アナキンによるタスケン・レイダーの虐殺のような先住民との過去を彷彿とさせるエピソードも出てくる。いずれにせよ西部を舞台にしたさまざまな神話や伝説を合成してサーガのなかで描いているわけで、それが文化的な混交がますます進む時代に、世界中で受け入れられる要因となっているのだ。

【新しく作り上げる】

アメリカの西部では、ヨーロッパやアフリカとの大西洋をまたいだ関係(「トランス・アトランティック」)と東アジアやハワイとの太平洋をまたいだ関係(「トランス・パシフィック」)の両方が「オリエント」という姿をとって衝突している。西部は「極西」と「極東」がぶつかる場所となる。しかも外から入って来た文化の産物がこの場所で変化していく。西部自体が一種の融合と変容のための「坩堝《るつぼ》」なのである。

ハワイ生まれのサーフィン文化が持ちこまれ、西海岸で盛んになった。そしてカリフォルニア州ヴェニスで、スケートボーディングが生まれる。平地や坂道を走るだけだったのが、カリフォルニアの干ばつで豪邸のプールが使用禁止になり、そこに潜り込んでジャンプなどの技が生み出されていったのだ。ヴェニスはヨーロッパの都市の再現を目指したリゾートと高級住宅地だったのだが、戦後には中心のダウンタウンが衰退していった。人気を失った海辺の廃墟となった遊園地の観覧車が風に鳴る音から、レイ・ブラッドベリは恐竜が深海から霧笛に惹かれてやってくる、という「霧笛」という短編小説を書き、それは『原子怪獣現わる』(一九五三)という映画になった。この人気と成功の話がなくては、翌年にわが国の『ゴジラ』は誕生しなかったはずだ。

ヴェニスに住む若いブラッドベリに小説作法を教えていたのが、リイ・ブラケットだった。SF作品も書いていたが、ハワード・ホークス監督の『三つ数えろ』(一九四六)や『リオ・ブラボー』(一九五九)のシナリオも担当した。そしてブラケットは亡くなる直前に『帝国の逆襲』のシナリオを依頼されていた。一応完成したのだが、ルーカスは使わなかったとしているし、現在もシナリオを書いたとして名前が併記されているが、最終的にはローレンス・カスダンによる「私がお前の父だ」とダース・ベイダーが述べる版になったとされる。だが、ストーリー製作会議にも出ていて、映画の初期の段階でブラケットがルーカスといっしょにイメージ作りをしたのは間違いない。

ブラケットの夫は、「キャプテン・フューチャー」で日本でもおなじみのエドマンド・ハミルトンで、スペースオペラを書くおしどり夫婦とされた。「キャプテン・フューチャー」の人造人間のオットーとロボットのグラッグのコンビから、C-3POとR2-D2のコンビが影響を受けている可能性はすでに指摘したとおりだ。ちなみにブラケットの愛弟子ともいえるブラッドベリが、ヴェニスの人工運河を見ながら、極西にまで追い詰められて滅んでいく先住民に思いをはせて書いたのが『火星年代記』(一九五〇)だった。こうしたカリフォルニア州ヴェニスをめぐる文化事情について、「アメリカにヴェニスをつくる」として論じたことがある(『〈都市〉のアメリカ文化学』所収)。

このような文化やジャンルの境界線を飛び越えることのできる環境が西部にあり、しかも宇宙と西部とのつながりも偶然というわけではない。たとえば、一九四七年にモーグル計画で核戦争対策に秘密裏に打ち上げられた観測気球が落下したのを、空飛ぶ円盤とした騒動が七〇年代に起きたのは、ニューメキシコ州のロズウェル基地の近くだった。その異星人の死体を隠しているとされる「エリア51」つまりアメリカ空軍の基地があったのは、ネバダ州のリンカーン郡である。じつはロズウェルもかつてはニューメキシコ準州時代にリンカーン郡に属していた。この土地は西部開拓史において忘れることのできない一八七八年の「リンカーン郡戦争」で知られる。ビリー・ザ・キッドの一味と保安官パット・ギャレットの因縁の対決があり、数々の映画や西部劇小説にインスピレーションを与えてきた。

しかも、ロズウェルはアメリカのロケットの父とされるゴダードが実験をした場所である。ゴダードは、SF小説とりわけH・G・ウェルズの『宇宙戦争』に影響を受けて、ロケットの設計を志した（チェン『驚くべき驚異』）。探検家のリンドバーグの資金援助を受けておこなわれたのだが、ゴダードの構想は一九二〇年代には空想物語として取り扱われてしまいその後も国内では評価されなかった。関心を持っていたのはドイツのV2ミサイル計画の科学者たちだった。そのドイツのフォン・ブラウン博士の技術に基づいてロケットなどを開発したジェット推進研究所はカリフォルニア州パサディナにある。

またニューメキシコ州ロスアラモスでは、原爆開発のマンハッタン計画を押し進める研究所が作られた。原爆用のウランの精製施設はテネシー州オークリッジに作られる予定だったが、人口密集地に近いので失敗したときの被害を防ぐ必要から、ワシントン州のハートフォードが使われた。そして核実験がおこなわれた実験場も最初はニューメキシコ州にあり、そのあとネバダ州へと移った。他国を監視する人工衛星もまだなくて、空から覗き見ることができなかった時代には、セキュリティ対策のために、人が立ち寄ることのできない西部の砂漠や荒野が利用されていたのだ。

そうした開発や研究の延長上に広島や長崎への原爆投下があり、核ミサイルにおびえる冷戦体制や、「スター・ウォーズ」計画が生まれた。ついでに言えば、アメリカの主な核実験場は西部の砂漠か太平洋の島に限られていて、東部や大西洋ではおこなわれていない。西部ではこのように、宇宙や新しいエネルギー利用についての広範囲な研究や実験がおこなわれていたのだ。だから、惑星一つを破壊する兵器が登場するスペースオペラが、二十世紀前半とは異なり、サーガでは冷戦以降のリアリティを伴なった宇宙冒険譚になっているのだ。

2　人間と非人間の境界線

【白人中心主義の解体】

オリエントとしての西部を舞台の背景にすることで、白人中心主義のフロンティアの神話に対する違和感がしだいに生まれてくる。そして第二次世界大戦後の公民権運動の高まりのなかで、人種偏見に満ちた表現は訂正されていく。

ルーク三部作は、「スペースオペラ」＝「宇宙を舞台にした西部劇」として期待される男たちの闘争と友情と裏切りの物語だった。ルーク三部作では、友だちはいても孤児として孤独なルークが、ジェダイに惹かれていくのは、「父と息子」あるいは「師匠と弟子」という男たちの関係性のなかで伝わる技術に魅了されているからだ。レイアをめぐるハン・ソロとの三角関係も、彼女が双子の妹とわかることできれいに解消される(初期の構想では双子の兄弟という案もあった)。ルーク三部作での帝国軍はナチスを思わせる軍服姿だし、失敗するとダース・ベイダーに文字通り息の根を止められる恐怖の独裁体制だが、女性の姿はほとんど見かけない。それがアナキン三部作ではジェダイにもパイロットにも暗殺者にも顔を見せる。

スペースオペラが参照した西部劇映画や西部劇小説自体が過去の反省もあり、多様なあり方を描くようになってきた。『ダンス・ウィズ・ウルブズ』（一九九〇）などでわかるように、先住民いわゆる「インディアン」の扱いや描き方も変わってきた。西部劇での先住民の描き方は、第二次世界大戦を経て歴史という主題を持ちこむことになった、とアンドレ・バザンは「西部劇の進化」で指摘した（『映画とは何か』）。カスター中佐の率いる第七騎兵隊が全滅した話に基づきアパッチへの同情の目を向けた『アパッチ砦』（一九四八）やアパッチとの和解を扱った『折れた矢』（一九五〇）のように歴史的な反省を含んだ映画が登場した。

それだけでなく黒人のカウボーイがたくさんいて、ロデオなどで活躍したという歴史的事実も発掘され、じつは多様な西部の住民像が捉えられていく（オールメンディンガー『アフリカ系アメリカ人の西部を想像する』）。そのため西部劇映画のなかでも変化があり、ジョン・フォードは『バッファロー大隊』（一九六〇）で騎兵隊の黒人兵への偏見と戦う法廷劇を描いた。そして歴史の見直しのなかで、南北戦争で戦った黒人兵部隊を描いた『グローリー』（一九八九）のような映画が作られた。ついには『黒豹のバラード』（一九九三）のように、米西戦争を背景に黒人たちが西部の自由の町を守るという西部劇が作られ、ウィル・スミス主演で六〇年代のテレビシーズをリメイクした『ワイルド・ワイルド・ウエスト』（一九九九）が登場した。歴史の見直しとそれに基づく修正が新しい物語を生んでいったのだ。

こうした流れを受けて、ルーク三部作ではランド・カルリシアン、アナキン三部作ではメイス・ウィンドゥのような重要な役目のキャラクターを黒人俳優が演じたとしても何の不思議はない。むしろ境界線を設けることが、先入観の産物であることがはっきりとしてきた。人種差別の問題には、ルーカス自身も敏感だったのだが、『ファントム・メナス』のジャー・ジャー・ビンクスをアフリカ系として非難され、ジャマイカ人を想像させるとして、人種差別を指摘されたのは、ルーカスにとって想定外だった（ジム・スミス『ジョージ・ルーカス』）。

この非難のときに鍵を握ったのは、ジャー・ジャーの話す英語のアクセントだった。そして、ファン投票などで敵役としていちばん嫌われるのが、通商連合のトップで鼻のないヌート・ガンレイ総督である。彼がしゃべる英語は、タイなど東南アジアの英語発音を参考にしたと声を担当した俳優が言っている。サーガには、英国アクセントからさまざまな出自の英語の発音が飛び交っている。これは移民社会としてのアメリカの現実を表現している。サーガは人種的な多様性を表現するのに取り込んできた。『ジェダイの帰還』での第二デス・スターでの総攻撃の場面で、アジア系の操縦士が「敵の宇宙船が多すぎる」と叫ぶ顔がアップとなる。待ち伏せしていた帝国軍の数に驚いた台詞だが、彼が乗った戦闘機は撃墜されてしまう。

叙事詩映画には、観客たちのなかに新しい統一感や一体感を生み出す役目が与えられている。たとえば、9・11以降の混乱のなかで、アメリカの歴史の再編を目指した映画『ナイト・ミュージアム』（二〇〇六）では、自然史博物館のジオラマの人形であるカウボーイとローマ兵が覇権を争ったり、外部の敵とは一致団結する様子が描かれる。人間ばかりかサルや恐竜の骨などが対等な世界として出てくる。そして戦闘的な大統領であり、西部に深い思い入れを持っていたセオドア・ルーズベルトと、ルイス&クラークの探検隊を案内したとされる先住民の娘サカジャウィアンとの禁断の恋が描かれている。二人がいっしょの馬に乗るという姿で空想的な和解が表現されるのだ。こうした歴史の読み直しは、アナキン三部作で起きていた女性のパイロットや暗殺者の登場などともつながっている。

人種や民族の従来の境界線が解体していくように、ルーク三部作からアナキン三部作へと並べていくと、人種や民族において対等が追及されるように見える。だが非人間に対して人類種がリーダーとなる点に注意を払うべきだろう。確かにモス・アイズリー港の酒場には、さまざまな宇宙人たちが登場する。アナキン三部作では、ジェダイ最高評議会のメンバーはいろいろな人類種が登場している。次第に中心人物の範囲を拡張してきたのは確かである。だがどうやらエイリアンたちは、二足歩行で直立していることが原則である。爬虫類系はいても毛虫や蛇などの這い回る生物は見当たらない。ドロイド兵士もクローン兵士も二足歩行である。チューバッカだって見かけは類人猿であり、エンドアの戦いで反乱軍による第二デス・スターの総攻撃の指揮をとっているアクバー提督は、魚類の顔をしているがきちんと二本足で立っている。こうしたキャラクターは、着ぐるみを着たスーツアクターたちが演じるので、当然ながら二本足で動くことが原則なのだ。

それに対して、少なくともサーガのなかでは、昆虫タイプは敵側か邪悪な存在を表す。ジャバ・ザ・ハットのようなナメクジタイプ、グリーヴァス将軍のようなカマキリのようなタイプ、さらにアナキンとシミを奴隷として所有していたジャンク屋のワトーは背中に羽の生えた昆虫タイプだ。物語にとって、何事かを決断し、歴史の方向を決めるのは人類種であって、そのほかの形態の生物たちはあくまでも周辺的で従属的なのだ。その意味で銀河共和国に代表を出せるかどうかが、ひとつの判断基準となっているようだ。昆虫タイプは準ヒューマノイドとして扱われてしまうので、サーガの世界には見た目による偏見や差別がきちんと存在する。それもまた単なるファンタジーに収まらない理由だろう。

【ハイブリッドな身体へ】

サーガを観る限り、ルーク三部作の途中からさらにアナキン三部作において、エイリアンが多様性をもって描かれただけでなく、人間の代替物としてドロイドとクローンの兵士が登場したのも、一九八〇年代からの差別を社会において撤廃していく動きのなかで、「政治的に正しく」差異を描くには、人間以外の存在が必要となったせいである。シスのような内なる敵はまだしも、大量に倒す相手として、異民族や先住民を直接連想させない存在が必要となった。

ルーカスは自分がエグゼクティブ・プロデューサーをつとめた黒澤明監督の『影武者』で、本編ではたった九〇秒のカットに五千人のエキストラを丸一日動員して撮影したことに感動し、自分の映画でも再現したかったのだ。だが、経費の上からもCGによって処理したわけである。それには一人一人の差異を持たない同じ顔をしたドロイド兵士、そして同じプロテクターで顔を覆っているクローン兵士が都合よかったのだ。

ただし、いくら修理しても一度死んだ生命は元に戻らない。だからこそ、アナキンはシスになってまで、失われた生命を甦らせる暗黒面の力を手に入れようとしたのだ。母親や妻を死の淵から救いたというのが彼の望みだった。こうした生命はまさに火にたとえられ、生命の火が消えたとみなされる。それに対して、電源を切ったり入れたりできるのがドロイドだった。C-3POがおしゃべりが過ぎるとレイアに電源を切られたり、ルークに修理してもらったあとで待機モードに移行できるのも機械だからである。

ルーク三部作で活躍するドロイドは人間の補助でありながら、登場するエイリアンと同じく、それぞれが個性を持っているように描かれている。ジャワ族のトレーラーのなかで、ジャンクとなったドロイドたちの姿も一つ一つが個性的である。それに対してアナキン三部作のほうでは、ドロイド兵士やクローン兵士の生産現場も描き出されることで、大量生産や消耗品という扱いがはっきりとする。これは単にルーカスの考えが変わっただけでなく、一九七〇年代と二十一世紀の転換期では、ロボット工学や生命工学の進展による一般の意識に大きな違いがでてきたのが原因となっている。

スピンオフ作品で「クローン大戦」を細かく描写していくなかで、機械やクローンの人間の複製物が大量生産されるのは、ジェダイやシスが師弟制度によっていわば手作りで後継者や仲間を作り上げてきたのと違う流れがしめされる。もちろん反乱軍や帝国軍に人間の一般の兵士はいるのだが、アナキン三部作ではずっと後ろへと退いてしまう。ルーク三部作は帝国軍対反乱軍の話なのだが、アナキン三部作は共和国の軍事化や帝国化の過程であって、その主軸となるのはドロイドやクローンの兵士だった。実際は映画製作時の技術の変化に対応しているわけだが、物語としては過去の方がデジタルで、未来の方がアナログとなっている。

ルーク三部作からアナキン三部作へと進むにつれて、人間と機械のハイブリッドの状態がより一般化していった。「人間機械システム」として、ロボット工学のなかで考えられてきた側面である。ルークやアナキンがパイロットとしてコックピットのなかに入り込むことで、機械に囲まれた状態になるのは、実際の第二次世界大戦の爆撃機や戦闘機の場合と同じである。自在に機械を操るといっても、ルークもアナキンも補助装置としてR2-D2をたえず載せている。戦闘機はR2やR4といったドロイドと人間の共同作業によって飛行できる。

ところが、こうした外部の機械との関係ではなくて、喪失した身体を機械によって補充し能力を回復させる場面が登場する。人間の身体に機械を取り込むいわゆるサイボーグの状態となる。こうしたサイボーグ化が最初に明確になるのは、『帝国の逆襲』でのルークの右手の喪失だろう。これはクラウド・シティでダース・ベイダーに斬り落とされた結果なのだが、映画の最後では、手首の蓋が開いて、指の動きを制御するメカニズムが見える。ルークはもはや機械なしにはダース・ベイダーと闘えないのだ。この映画の前半で惑星ホスの氷雪のなかでルークは凍傷になり、巨大な水槽のなかで生命力を回復する。そして中盤ではヨーダによる特訓で身体は痛めつけられる。最後のダメ押しのように右手を喪失するのだ。

もちろんルークのサイボーグ化は、ダース・ベイダーのサイボーグ化と深く関連している。ダース・ベイダーが登場した最初から、黒い仮面という金属の姿を伴っているのがわかるし、『ジェダイの帰還』でルークがベイダーの右手を斬り落としたときに、それが機械の手だったことがわかる。後付ではあるが、アナキンがドゥークー伯爵によって右手を斬り落とされたことになっている。ルークは、右手の喪失と機械による代替物を挿入したことで、それだけ一歩父親の身体に近づいたのだ。ジェダイの騎士というレヴェルでの父と子の関係だけでなく、身体のサイボーグ化というレヴェルでの父と子の類似が存在する。

アナキン三部作においてサイボーグ化を体現しているのが、グリーヴァス将軍である。分離主義者ドゥークー伯爵の仲間で、伯爵からライトセーバー術を習ったとされる。全身を機械と接合させ、白い骨格をむき出しにしたような顔はドロイド兵士とも共通する。もともと昆虫系の人類だったとされるが、四本の手を使ったライトセーバー術を見せるのだ。そして移動する大きな車輪の乗り物との一体化も簡単にできてしまう。それほど機械の側に近いのだ。それでも、呼吸器官を持つのでせき込むし、オビ＝ワンが心臓をレーザー銃で撃ちぬいて殺されてしまう。彼の死がクローン大戦の終結だった。

ルークやアナキンのように人工と自然が体内に共存する姿は、アメリカの神話のヒーローにふさわしい。アメコミのＳＦヒーローたちが常人を超えた能力を持つ理由づけも、異星人（スーパーマン）、科学実験（ハルク）、特殊なクモに噛まれた（スパイダーマン）などとさまざまである。ルークたちにとって機械を体内に入れるのは生命の維持や身体能力の補完のためであって、生命そのものと入れ替わることはできない。それもヒーローとしてのあり方のひとつだった。

だが、たとえアナキンであっても、完全に黒こげになってしまえば、暗黒卿シディアスといえども蘇生できるのかは分からない。ダース・モールも、ドゥークー伯爵も倒されると帰ってはこないし、サーガを観る限り、死者を甦らせるというフォースの暗黒面の力が利用されることはなかった。そしてグリーヴァス将軍もそうだが、ルークやアナキンの場合に、こうしたハイブリッドな身体は同時に文化的にも様々な価値観も複合化されているのだ。それがルーカス自身の雑多な要素を取り込む力とつながっている。

3　日本との関係

【文化の境界線を越える】

ルーカスの世界の西部劇としてのスペースオペラのなかに、登場人物として「日本人」をいれることは難しかった。テレビドラマの『スター・トレック』(一九六六)は、日本では『宇宙大作戦』として放送されたが、日本語版で「カトー」と変更された「ヒカル・スールー」がいる。エンタープライズ号のパイロットで、サンフランシスコ生まれの日本人とフィリピン人のハーフと設定されている。「スールー」という苗字はフィリピンのスールー海に由来する。実際に演じたのは戦争中に日本人収容所に入れられた体験のある日系二世のジョージ・タケイだったが、役柄としてはアジア系の「混血」だったのだ。主要な乗組員にアジア系や東欧系やアフリカ系を配置するというのも、公民権運動後の人種や民族への配慮を踏まえていると同時に、世界を代表し代理するというアメリカを表現している。

第一次世界大戦と第二次世界大戦の間には、アジア系は「エイリアン」として表現されていた。ルーカスが大きな影響を受けた『フラッシュ・ゴードン』でも、惑星「モンゴ」を支配する「ミン」皇帝という設定がオリエンタルな響きを持っている。「モンゴ」はモンゴルやモンゴロイドに由来するのだろうし、ミンのいでたちも中国の清朝の皇帝などの姿に似せている。ゴードンはもちろん彼を助けるザーコフ博士たちとは異なる神秘的な世界の住人とされている。「黄禍論」の影響もあり、ＳＦ

作品のなかで、アジア系は「科学的な力ではない神秘的な力を持つ侵略者」とみなされていた（ジョン・チェン『驚くべき驚異』）。アシモフの『暗黒星雲のかなたに』（一九五一）で、アメリカ独立宣言を恐れる圧政者は「ハーン」と呼ばれるが、ロシアを脅かした「汗（カン）」に由来するとウィキペディアにも指摘がある。まさにアジア系も「黄禍」とみなす考えがそこにある。

　サーガは別の銀河系の話であるし、直接的なキャラクターとしてアジア系やましてや日本人は登場しない。『ジェダイの帰還』でのランド・カルリシアンの副操縦士などでアジア系を連想させる顔が出るくらいだ。とはいえ、黒澤明の『隠し砦の三悪人』の書き直しがルーカスにとって出発点のひとつだったように、映画のいたるところに、変更しつつも日本や東洋的な要素が取り込まれている。二体のドロイドが、又七と太平の二人の農民から出てきているのは間違いない。黒澤映画の「隠し砦」は、軍資金を隠してある砦という意味となり、戦闘での働きは描かれない。だが、秘密要塞のデス・スターは惑星オルデラーンを破壊する力を有しているし、しかも移動できるのだ。黒澤映画では、追っ手を逃れてひそかに運ぶのは姫と薪に見せかけた軍資金だった。それに対して帝国軍の目を欺いてハン・ソロが運ぶのは人間とドロイドだけだった。もちろんR2−D2に収められたデス・スターの設計図が反乱軍にとっては最大の宝である。

　他にも、ジェダイが時代劇の「時代」に由来するとか、オビ＝ワンの「オビ」が帯に由来するのではないかという指摘もある。ヨーダという名前は、『雨月物語』などのシナリオで知られる依田善賢から来ているとされるが、綴りからすると「ヨガ」とも関係するように思える。ドゥークー伯爵は「毒」から来ていると演じたクリストファー・リーが述べているので、少なくとも本人は毒のつもりで演じたわけである。元ジェダイで、クワイ＝ガン・ジンの師匠でもある伯爵は、それだけにジェダイたちの弱点を知り、クワイ＝ガンの弟子にあたるオビ＝ワンに勝る力を持っていた。アナキンに倒されるまで、パルパティーン最高議長＝暗黒卿シディアスの第一の弟子でもあった。まさに毒かもしれない。

ライトセーバーがフェンシングのように片手で扱うものではなくて、日本刀のような両手で持つ刀なのも大きな影響だろう。そして『新たなる希望』でルークが着ている白い服は柔道着などを連想させる。ルーカスも意識した白にとりつかれた映画である『２００１年宇宙の旅』で、宇宙ステーションの連絡船のなかで流れていた画像が、白い服が目にあざやかな柔道の試合だったのと対応するのかもしれない。銀河皇帝もオビ＝ワンも着用する茶色い中世の僧侶のような頭を覆う衣装とは対照的である。さらに、パドメの髪型は女王としての正装のときには、花魁を思わせるような大胆なスタイルになっている。

しかも、ルーカスは日本と関連する映画に関与した。コッポラとともに、資金不足に悩んでいた黒澤明の『影武者』（一九八〇）の製作を外部から援助した。代わりに20世紀フォックスが海外での配給権を握ったのだが、その動機の根底には、『隠し砦の三悪人』を存分に利用したことで新しい作品を生み出せたことへの感謝があった。そして、武田信玄の影武者をめぐる話は、アナキン三部作でのパドメと彼女の影武者につながっている。ただし、黒澤映画においては、影武者が最後に役目を終えると追放されてしまう点が重要だった。ところが、パドメの影武者であるコルデは『クローンの攻撃』の冒頭で爆破事件で死去して、その役目を終える。そのときに「陛下、申し訳ありません。お役に立ちませんでした」とパドメに謝ってから亡くなるところなど、日本の時代劇に登場しても不思議のない場面となっていた。

また、ルーカスはやはりコッポラと共同で、ポール・シュレイダー監督の『MISHIMA』(一九八五)の製作もおこなった。これはハリウッド映画となるのだが、全編日本語で演じられているし、三島由紀夫を尾形拳が熱演し、他も日本在住の俳優たちの手になるものだった。遺族の反対で日本では未公開のままに終わったが、アメリカではDVDも発売された。三島由紀夫の自決までの経過と、生まれてからの生い立ちと、『金閣寺』、『鏡子の家』、『奔馬』の作品世界の三つが緊密に結びつけて描かれている。四章に分かれているのだが、さらに白黒とカラーの画面、さらには作品世界は演劇的な様式美のセットを使って緊迫した場面が続くのだ。

シュレイダー兄弟が担当したシナリオは、日米の境界を越えた義理を描いた『ザ・ヤクザ』(一九七四)や、ヴェトナム帰還兵のトラウマを描いた『タクシードライバー』(一九七六)によって有名になった。シナリオを一緒に担当したレナード・シュレイダーはポールの兄で同志社大学の英文科で教えていたことがある。自決事件のときには日本に滞在していて、三島とも交流があった。シナリオ作家でもある妻のチエコの協力もあって、会話などに不自然なところがほとんどない。

レナードは、沢田研二が原爆を製造して政府を脅迫する理科教師を演じた『太陽を盗んだ男』(一九七九)の原案を担当した。カルト映画として有名だったが、3・11以降には注目度が増している。また同じ年に『男はつらいよ　寅次郎春の夢』でアメリカ人セールスマンとテキヤの寅次郎との間のドタバタを描いている。そして、青春映画の『ションベン・ライダー』(一九八三)の原案も担当した。

レナードはこのように日本についての知見もあるのだが、『MISHIMA』と同じ八五年には、『蜘蛛女のキス』のシナリオを書いている。ウィリアム・ハートが同性愛者の囚人を演じて、アカデミー主演男優賞をとった。このあたりが、三島の同性愛的な指向を浮かび上がらせるシナリオとして結実していた。

ルーカスが、要人暗殺や裏切りやクーデターのイメージが漂う『MISHIMA』から何らかのヒントを得たとすれば、市ヶ谷の自衛隊の駐屯地での自決に向かうまでの息詰まるような展開だろう。アナキン三部作では、ダース・ベイダーになるという結末が観客にはよくわかっているのに、そこへ傾斜していくアナキンの抱く心の暗さが映画の原動力や魅力となっている。同じように『MISHIMA』では一九七〇年十一月二十五日に、自衛隊員へ決起を呼び掛けたのに応えてくれなかったのを見届けてから自決するという結末がわかっている。そこへと傾斜する才能あふれた三島の行動や苦悩がアナキンと重なってくるのだ。ルーク三部作の出発点が『隠し砦の三悪人』だったとすれば、アナキン三部作の出発点になったのはこの『MISHIMA』だと言えるのではないか。

【日本への還流】

サーガの製作そのものには、日本人のアーティストが関わってきた。たとえば、イラストレーターの生頼範義は、書籍のために描いた『スター・ウォーズ』のイラストをルーカスに認められて、『帝国の逆襲』のポスターを手掛けた。ダース・ベイダーが背後に黒く描かれ、その前にミレニアム・ファルコン号の横の姿やハン・ソロとレイアがキスしていて手前にルークがいる。生頼は日本では平井和正のウルフガイシリーズなどで知られていた。サーガ関連では、メディアワークスがルーク三部作を、それぞれ二冊分冊のコミックスで出したときには、表紙絵を担当した。そこでは一枚の絵の中に映画一本のさまざまな場面やイメージを盛り込むのに成功している。アメリカの本家版を超えた絵を描く生頼が評価された経緯は、作家集団アディクトによって詳細に分析されている（「作家集団アディクト　オフィシャルブログ」）。

またＩＬＭのマットペインティングの部門で、上杉裕世が『インディ・ジョーンズ』や『ジュラシック・パーク』のシリーズからアナキン三部作などで活躍してきた。上杉の後輩として、谷雅彦のように、日本で平成ガメラシリーズなどの特撮美術を経てから参加し、首都惑星コルサントの光景などを描く人物も現れた。サーガそのものにも日本人のアーティストの参加があった。ＣＧ全盛に見えるが、背景などは緻密に描かれた絵を取り込んだ方が効果的である。ただしルーク三部作ではマット画は２次元の平面にしか利用されなかったが、デジタルに取り込んだあとで立体的な処理が可能になり、奥行きを与えることができるようになって表現の幅が広がった。霧のなかのコルサントのマット画のなかにＣＧの宇宙船が着陸するといった場面を作ることができるようになったのだ。

こうしたサーガへの直接参加以外に、文化的な影響として特筆できるのは、一九七七年の全米公開日と七八年の日本の公開日が一年ずれている間に、『惑星大戦争』と『宇宙からのメッセージ』の二本の映画が製作されたことだろう。柳の下にドジョウを求める動きは戦前の『キングコング』の時代から変わっていない。『ゴジラ』だって『原子怪獣現わる』のアメリカでの評判がなければできなかったわけだが、それが日本で公開されたのは『ゴジラ』の後だった。

流行のアイデアを他からいただいて、新しく作っていくのは、興行システムが昔から持つ特性である。シェイクスピアの『ハムレット』も他の劇場で演じていたネタをもらって書いた作品である。もちろん相手を超えれば誰も経緯など問題にしない。非難されるのは劣化コピーの場合である。それでも現在も何かヒットした作品があれば、パロディとも流用ともつかない低予算映画が作られ、タイトルも借用される。『ジュラシック・シティ』、『ジュラシック・シャーク』といった具合だ。

東宝の『惑星大戦争』は、一九七七年十二月十七日に公開されたお正月映画である。残念ながら多くの東宝特撮ファンから低い評価しかもらっていない。それは敵のヨミ(黄泉?)星人の根拠地が金星といった太陽系内の設定にとどまり、特撮としては『海底軍艦』(一九六三)で使った轟天号を飛ばしたことはオールドファンを喜ばせこそすれ、七七年にテレビ放映後の劇場版で人気が出たアニメの『宇宙戦艦ヤマト』を見慣れた観客には訴求力が乏しかったせいである。それに、映画隆盛期だった二十年前の『地球防衛軍』や『宇宙大戦争』のスケールに届いていなかった。東宝特撮ファンの楽しみは映画で流用されたメカや場面の指摘くらいになっている。宇宙防衛軍が頻発するUFO騒動の背後にヨミ星人の存在を知る。そのヨミ星人の古代ローマ船に似た金星大魔艦と、平和のために一度は建造を中断した轟天号とが、金星で対決することになる。太陽系内というのがどこか古臭く感じられたのだ。

一つ言えるのは、ルーカスたちは、黒澤明がジョン・フォードなどの西部劇映画の影響を受けて新しい時代劇を作り上げたのだから、今度はその成果をスペースオペラという自分たちが得意な分野で焼き直すという意欲を持って『スター・ウォーズ』を製作したということだろう。それに対して、元ネタの『隠し砦の三悪人』を送り出した東宝にとって、特撮は得意な分野のはずなのに、準備に二ヵ月という練り上げる時間もないままで一九七八年の正月映画として公開してしまった。そのときに安易な自己模倣に陥ってしまったのは、興行力の衰退を感じさせる。監督の福田純は、稲垣浩監督で三船敏郎(ルーカスがダース・ベイダーをやってほしかった俳優だ)主演の宮本武蔵三部作の助監督をつとめ、時代劇の機微を理解していたはずで、シナリオを含めて時間や予算の余裕がもっとあればと後悔したのも当然だろう。

それに対して一九七八年四月二十九日公開の東映の『宇宙からのメッセージ』はゴールデンウィーク映画だった。深作欣二監督の手になり石ノ森章太郎と野田昌宏が原案を出しそれぞれマンガと小説にもしている。『南総里見八犬伝』にヒントを得て、宇宙に散った八つの木の実が勇者を見つけるという話である。これは数年前から企画が進んでいた映画に、『スター・ウォーズ』でスペースオペラブームがきたのに便乗した形になった。

ガバナス星人によって滅びかけていたジルーシア星人が、宇宙に放ったリアベの実が選んだのは、二人の宇宙暴走族、軍に愛想をつかした元軍人、ちんぴらヤクザなどの面々だった。ガバナス皇帝は地球の美しさに征服意欲をかきたてられる。地球に降伏宣告が突きつけられたとき、追放されたガバナス帝国の正当な後継者である王子が参加することによって、ようやく反撃の機運が高まっていく。惑星ジルーシアを移動要塞とするとか、見せしめに月を破壊するといった場面などは、『スター・ウォーズ』からヒントをもらったのだろう。

特撮は東宝に比べて動きを重視したことで、暴走族と宇宙パトロールの追跡や、隕石群のなかでの移動もスピード感がある。さらに屋外を使った爆破シーンなどもあって、意外と大掛かりである。しかも光子によって移動する帆船というノスタルジックな姿のジルーシアの船が登場するのは、後に『ジェダイの帰還』でジャバ・ザ・ハットの持ち船が砂漠の海を飛ぶ帆船ともつながる。もっとも東映アニメで石ノ森章太郎原作の『空とぶゆうれい船』(一九六九)が空中を飛ぶ海賊船をすでに登場させていたので、その流れを汲んでいるわけだが。元軍人の役を演じたビック・モローは、その後『トワイライトゾーン/超次元の体験』(一九八三)のエピソードの撮影中にヘリコプターによる事故で子役たちとともに亡くなった。映画製作がCGを多用するVFXへと移行したのには、こうした死亡事故を防ぐという倫理的な理由と、多大な慰謝料を払わずに済むという経済的な理由もあるのだ。

いずれにせよ『惑星大戦争』も『宇宙からのメッセージ』も、本家である『スター・ウォーズ』の公開によって、一種のイミテーションとして扱われて終わった。東映はこのときの経験をテレビの特撮物などへと活用していった。東宝は『ゴジラ』(一九八四)に始まるいわゆる平成ゴジラシリーズで新しい境地を開くまで、特撮映画に関しては一種の停滞をしてしまった。

【ドラえもんとの関係】

もちろん『スター・ウォーズ』そしてサーガがその後、アメリカばかりでなく日本のSFやアニメや特撮に大きなインパクトを与えたのは間違いない。とはいえ、その全体像を把握するのは不可能に近いし、この本の手には余る。それでも一例を挙げるならば、国民的アニメである「ドラえもん」の劇場版長編に影響を与えたことを指摘しておこう。八〇年代に入ると、東宝の子ども向け作品の主軸は『惑星大戦争』のような特撮物から、九十分程度の長さの劇場版アニメに交代し、「ドラえもん」

の長編アニメは、年一回三月の春休みに公開される代表作となった。二〇一五年まで三十五作が公開されている。

　数あるなかでも「宇宙」がタイトルについた作品に注目すると特徴が見えてくる。第二作の『のび太の宇宙開拓史』（一九八一）ですでにＳＦと西部劇の趣向を取りこんでいた。冒頭の宇宙船の追いかけは『スター・ウォーズ』からの借用だった。荒涼とした惑星「コーヤコーヤ」で畑を耕す農民を追い出す鉱山会社、そしてそれと二丁拳銃で戦うのび太が活躍する。惑星の重力が小さいので、のび太のような弱虫で非力でも、スーパーマンのようになれるわけだ。タイトルは『西部開拓史』から来ているし、過去の西部劇映画を連想させる場面がいくつも出てくる。これはサーガのようなスペースオペラへの藤子・Ｆ・不二雄なりのオマージュといえる。

　第六作の『のび太の宇宙小戦争（リトルスターウォーズ）』（一九八五）では、タイトルバックにＲ２−Ｄ２やＣ−３ＰＯが登場する。逃れてきたピリカ星人の大統領パピと追いかける独裁者のギルモア将軍と手先のＰＣＩＡ（ピシアと発音されるが、ピリカ星のＣＩＡだ）が地球まで追いかけてくる。ピリカ星の住民は小さくて、スモールライトでのび太たちは対等になれる。最終的には『ガリヴァー旅行記』の小人国の話となるのだが、「ドラえもんの道具を使わずに退治した」と最後に出てくるように、巨大化したのび太たちが活躍するのだ。東宝の『宇宙大戦争』が念頭にあり、タイトルを「小」と置き換えたのだ。

　この『宇宙小戦争』でのサーガからの引用や参照はわずかだが、原作の連載が一九八四年だったことから、ギルモア将軍とその手先のＰＣＩＡの描写がジョージ・オーウェルの『一九八四年』と関連しているとウィキペディアなどでも指摘されている。ルーカス映画ではむしろ『THX－1138』の系譜かもしれない。昭和が平成に移行する時期には『日本誕生』を、湾岸戦争の緊張の高まりのなかで『ドラビアンナイト』を送り出してきたように、藤子・F・不二雄は時代に敏感なので、十分にこのつながりはありえる。

プラモを使って自主映画を製作する話が出てくる。のび太は宇宙船や宇宙人の話を作りたがり、しずかはウサギの縫いぐるみを使ったメルヘンを想像する。ファンタジーとSFが混同した作品をドラえもんが撮影するのだが、SFを「少し不思議」と解釈する藤子・F・不二雄にとっては同じ平面にあるのだ。それは『スター・ウォーズ』をファンタジーとしてとらえていたルーカスにも通じる。もちろん、「どこでもドア」や「タケコプター」など、ドラえもんの秘密の道具は、科学的な実現可能性を考証したものではない。

映画が創作される場面をとりこみ、メタのレヴェルをしめすことで、その後も「映画みたい」とか「信じるのはこの映画を観ている人だけ」とか「のび太って映画になると急にカッコいいこと言うんだから」といった自己言及的な台詞が出てくるのが、長編シリーズのお約束にもなった。こうした虚構と現実の絡み合いは、第二十作の『のび太の宇宙漂流記』（一九九九）では「スター・クラッシュ」という未来のゲームと、現実世界にいるのび太たちとの関係として扱われていた。しかも、最後にはゲームから飛び出した宇宙船が大活躍するのだ。

『宇宙漂流記』は、原作者が死去した後のオリジナル作品で、設定にスタジオぬえが参加したおかげで宇宙船などのメカデザインもちょっと異色である。環境破壊で死滅した星から逃げ出した宇宙船が、三百年にわたって移住先を探していて、地球を発見したというものだ。ここでは侵略を試みる邪悪な敵として「アンゴルモア」が登場する。「ノストラダムスの大予言」に出てくる魔王の名だが、この年が予言された年だったということを踏まえても、これが不定形の邪悪なシスの精神ともつながるイメージを持っていた。

製作者たちはもちろんサーガにだけ刺激を受けたのではない。『宇宙漂流記』は明らかに『宇宙空母ギャラクティカ(ギャラクチカ)』を意識している。『ギャラクティカ』は『スター・ウォーズ』に触発されて製作されたテレビドラマだが、西部移住の開拓移民の一行を襲う苦難を描いた『幌馬車隊』を元ネタにしていた。人間を滅ぼそうとするサイロンという機械人間との戦いを描くことで、別のタイプのスペースオペラとなっていた。

ドラえもん以下中心人物を演じる声優たちが交代した第二期には、リメイクとして第二十九作の『新・宇宙開拓史』(二〇〇九)が作られ、女の子のキャラクターが追加されたりする変更が加えられた。そして、戦隊物の特撮を作ろうとして本当の争いに巻き込まれるという第三十五作の『のび太の宇宙英雄記(スペースヒーローズ)』(二〇一五)はアメリカンコミックスの『アヴェンジャーズ』のような展開となる。原作者から離れてオリジナル度が増すとともに、参照する作品世界が別のタイプになってきたのだ。

こうして見てくると、ドラえもん映画のスペースオペラでは、藤子・F・不二雄が持つSFと西部劇という二大関心を重ねられていた。なにしろ『のび太の銀河超特急(エクスプレス)』(一九九六)でも、天の川鉄道でのび太たちが訪れた小惑星のひとつとして、射的が得意なのび太がシェリフにまで昇格できる「西部の星」があるほどの西部劇好きだった。もちろんサーガは見過ごせない映画だったはずだ。ただし、F本人は一九九六年に亡くなってしまったので、アナキン三部作を観ることはかなわなかった。

サーガと「ドラえもん」との関係は、日本の文化への影響のほんの一端にすぎない。また「クローン大戦」のスピンオフ作品でアソーカ・タノのような宮崎アニメを参考にしたキャラクターも登場するように、制約や限界を持ちながらも相互に影響しあっている。「スター・ウォーズ」という大きな「拡張された宇宙」を成立させる一翼を日本の文化が担うとともに、いうまでもなく、宇宙を舞台にした『機動戦士ガンダム』(一九七九―八〇)のようにそこから栄養素をもらい別の形での表現が新しく生み出されてきた。

(★4) この映画の同時期に、ロン・ハワードは『ガン・ホー』(一九八六)の中で、アメリカに進出した「圧惨自動車」をめぐる日米の経済摩擦をコメディタッチで描いていた。それはドロイド兵士につながるような生産現場であり、文化的なぶつかり合いを扱っていた。「ガン・ホー」とはアメリカ化した中国語で、「共に働こう」という意味になる。最初にタイトルに使われたのが、日本が占領した島を取り返す一九四三年の戦争映画であり、カウボーイを生涯演じたランドルフ・スコットが主演していた。日本の自動車メーカーの話にこのタイトルをつけたのは、一方では日本と中国を錯誤している面も持ちながら、他方でアメリカの工場や労働を奪還し、誇りを取り戻すというメッセージを持つせいだ。海外進出するバブル期の日本企業をとらえた新しい戦争という含みもある。そしてナカトミビルを舞台にした『ダイ・ハード』(一九八八)、偽札戦争を描いた『ブラック・レイン』(一九八九)といったアクション映画として扱われた。もちろん後者は『ザ・ヤクザ』の読み替えである。

第7章　アメリカの戦争神話として

1　フロンティアを求めて

【フロンティアが育てたアメリカ】

サーガのようなスペースオペラは宇宙版の西部劇とみなされてきた。この場合の「スペース」は宇宙空間のことであり、「オペラ」はラジオのソープオペラに由来している。ソープオペラとは石鹸会社が提供する「主婦向けメロドラマ」のことだった。二つの世界大戦の間に、ラジオの連続ドラマは連続活劇映画とともに、ロマンスだけでなくミステリーやサスペンスやSFといった作品を広めた。ウディ・アレンが『ラジオ・デイズ』(一九八七)で描いたように、ラジオはニュースや音楽や娯楽を伝えてくれるものだった。とりわけ、男の子たちには西部劇が人気のジャンルだった。そして西部劇が誘惑するのは「フロンティア」での冒険にまつわるさまざまな幻想だった。それがサーガにも息づいている。

アメリカを形成してきた重要な考えに「フロンティア」がある、という仮説をF・J・ターナーが一八九三年に提唱し、これが一種の定説となった。野生と文明の衝突によって「アメリカ人」という新しい国民が出来上がってきたのだとみなす考えである。一八九〇年の国勢調査では、もはやフロンティアは消滅したことが証明されたと宣言した。戦って征服すべき土地が無くなってしまったのだ。

北米にヨーロッパ人が植民地を作って以来、そこは先住民の「インディアン」や「インディオ」との戦場だったし、征服者どうしの覇権争いもあった。ニューヨークのウォール街の「ウォール」も、オランダ人が先住民や後から来たイギリス人に対抗するために作った壁が始まりだった。西部には砦で守られたり、有刺鉄線で囲んだ土地が作られ、西部はアメリカの理念を体現したり、外部と戦うときの根拠となる「野生の西部」として評価されることになる。

自然が豊かで同時に厳しいなかで素朴な生活が続く「古き良き西部」というわけで、素朴な生活が続く場所とされた。実際の西部に関してほとんど知らないアメリカの東部の人々に、「野生」としての西部のイメージを広めたのは、バッファロー・ビルによる「ワイルド・ウエスト・ショー」だった。そこでは幌馬車たちを襲う「インディアン」が登場し、それを返り討ちにして勝利する、という定番のイメージが繰り返し描かれた。アニー・オークリーのような早撃ちのスターも生み出した。海外でも公演したこのショーは映画産業ともつながり、フロンティア消失後に先住民の一部は、ショーや映画で殺されるインディアンの役として職を得ていたのだ(ホール『アメリカのフロンティアを演じる』)。

さらに、フロンティアのイメージは、テディベアの名前の由来となったセオドア・ルーズベルト大統領によって政治的にも広がる。とりわけ、西部が男を兵士にしてくれるという神話である。そのために西部のイメージは荒々しいと同時にそれに耐えて生きる人々、生死をかけた戦いをする騎兵隊と先住民の戦い、ガンマンたちが活躍し、無法地帯で法を確立しようとする保安官の努力と結びついている。世界の警察や保安官としてのアメリカ像を生み出す源泉となっているのだ。

ルーズベルトの大統領の選挙キャンペーンに利用されたのが、子熊の命を助けた話で、そこから熊の縫いぐるみにセオドアの愛称である「テディ」をつけて応援のために販売したのが始まりだった。テディベアがアメリカ生まれであることを考えると、『ジェダイの帰還』で動くテディベアであるイウォーク族が出てきたのはかなり意味深である。C−3POは彼らに帝国軍と反乱軍の闘争の歴史を語る。このドロイドは宣教師のようでも、政治的アジテーターのようでもある。彼にとってイウォーク族は野生であり、戦士であり、同時に銀河の歴史を知らない啓蒙されるべき無知な人々でもあった。通訳兼外交ロボットであるにもかかわらず、ジャバ・ザ・ハットの通訳くらいしか仕事がなかったC−3POが、主体的に活躍するのは、サーガを通じてもこの場面くらいである。

帝国軍はエンドアの月の上に第二デス・スターに必要なエネルギー施設を建設はしたが、住民を啓蒙し味方につける戦略はとっていない。イウォーク族などは無視している。それに対して反乱軍は住民と連帯することで、施設に潜入する方法を教えてもらい、イウォークの戦士たちが撃退の手伝いもする。実際には帝国と反乱軍の二つの勢力の覇権争いに、イウォーク族が巻き込まれたのだ。

これはフロンティアで起きた歴史の再現でもある。一七五五年から始まったフレンチ・インディアン戦争は、フランスについたモホークやアルゴンキンなどの部族と、アメリカについたイロコイ連邦やチェロキーなどの部族との争いでもあった。西部劇にとって先住民との関係は、倒すべき敵でもあり、ときには味方の兵士ともなり、銃などの交易の相手であり、農業や金などの鉱山資源の確保のために追い出すべき相手、という時と場所で変化していた。スペースオペラにとっても、惑星の住民との関係は、フロンティアでの出来事を連想させるのだ。

【『捜索者』とサーガ】

当然ながら西部劇を思わせる場面がサーガには多々ある。なかでも『クローンの攻撃』でアナキンがタスケン・レイダーに誘拐された母を救出に行く場面は類似性をいちばん示している。アナキンの行動はジェダイとしての使命から外れるのだが、助けを求める母親のシミの姿を夢で見たので、パドメと一緒に惑星タトゥイーンを訪れるのだ。そこで、義父のクリーグ・ラーズから、襲われてシミを誘拐された話を聞く。すでに救出のために住民がたくさん殺され義父も片足を失った。そのせいでクリーグはもはや妻の救出の意欲を失っている。そして新婚の義兄のオーウェンも頼りにならない。そこで、アナキンは単身で、略奪された母を取り返すために、タスケン・レイダーのところへと向かう。

この部分は明らかにアメリカ先住民との軋轢を描く西部劇のパターンをなぞっている。ルーカス自身は、タスケン・レイダーに沙漠のベドウィン族を重ねていたというが、それにとどまらない関連を持ってしまった(『注釈版シナリオ』)。先住民に女性や子どもが誘拐される「インディアン捕囚」と呼ばれる実話や記録は、ニューイングランドの植民地時代から存在した。だから白人の男の子がシャイアン族に育てられ、カスター将軍のもとで活躍するというアーサー・ペン監督の『小さな巨人』(一九七〇)も、こうした歴史的事実を利用した作品だった。銀河共和国の分離と再統一を描くクローン戦争が南北戦争を下敷きにしているのと同じように、これは賛否を伴いながらも、アメリカ人の心の底に訴えかける物語パターンなのだ。

シミを略奪したタスケン・レイダーは、サンドピープル(砂漠の民)とも呼ばれる。水分の乏しい場所で暮らすせいか、白い布を全身に巻き、顔からは細長い筒のメガネのような視覚補強装置が突き出ている。タトゥイーンの気候に順応した先住民である。『新たなる希望』では、ルークたちは彼らに襲われたのだが、オビ＝ワンに救出された。また『ファントム・メナス』ではポッドレースの最中に、レースをする選手たちにライフルを撃ちこんでくる。そのために脱落した者も出た。そして『クローンの攻撃』ではシミの略奪とアナキンによる虐殺が描かれる。タトゥイーンの場面では必ず彼らが登場するのだ。とりわけライフルで狙うショットは数々の西部劇でおなじみである。

そもそも「タスケン・レイダー」という表現は「タスケンの侵入者」の意味なのだが、これ自体が西部の先住民の響きを感じさせる。たとえば「カイオワ族の侵入者(カイオワ・レイダー)」といった使い方をする。カイオワ族はバッファローを追って暮らす騎馬遊牧民であり、スー族に土地を追われ、テキサスでインディアン戦争を戦い、あちこちの砦を急襲した。連続活劇ファンであるルーカス原案のインディ・ジョーンズのシリーズ第一作が『レイダーズ』となったのも、「急襲する者」「侵入者」という意味で使っている。だから、後付けで、「フォート・タスケン(タスケン砦)」への侵入者だったから、「タスケン・レイダー」となったとされる。サンドピープルという呼び名もそうなのだが、彼ら自身の言葉による呼称ではない。ルークもアナキンも誰も彼らの言葉を聞き取ろうとしないのだ。

アナキンが怒りに任せて、タスケン・レイダーを誰かれかまわず虐殺したことは、パルパティーン最高議長が握る弱みの一つである。ドゥークー伯爵を丸腰のままで首を切断したことを悔やむと、「サンドピープルを殺しただろう」と突き放す。そこから、白人による先住民の大虐殺、たとえば一八九〇年に起きたスー族(ラコタ族)三百人が殺害された「ウンデッド・ニーの虐殺」などが連想される。政府がフロンティアの消滅だとみなしたのがこの年となる。まさに「良いインディアンは死んだインディアン」という言葉にふさわしい。そして居留地のなかへの封じ込めが完成し、現在ラコタ族はサウスダコタやノースダコタ州に、カイオワ族もオクラホマ州に土地を与えられている。

アナキンのエピソードを支える西部劇が、アラン・ルメイの原作小説によるジョン・フォード監督の『捜索者』（一九五六）である。発表当時はアカデミー賞の候補にもならなかったほどなのに、評価はますます高まって、現在ではフォードの代表作とされる。先ほどのバザンも称賛していた。そして、ゴダールをはじめ、スピルバーグやスコセッシなど多くの監督が大きな影響を受けた作品としている。ルーカスも例外ではない。

南北戦争後の一八六八年のインディアン・テキサス戦争を背景に、先住民のコマンチ族に奪われた二人の姪であるルーシーとデビーの姉妹を取り返そうとする中年のイーサンが主人公である。彼は元南軍の兵士で、どうやらメキシコで戦ってきたのか、金貨をたくさん持っている。原作はいくつかの実話に基づいているのだが、イーサンは先住民への蔑視を平然と口にし、コマンチの族長スカーの妻の一人となってしまった妹姪のデビーを一度は殺そうとまでする。「もはや白人に戻ることはできないから」というのがその理由だった。それを押しとどめたのが、イーサンと一緒に捜している義理の甥にあたるマーティンだった。

タイトルは正確には「捜索者たち」であり、最初はテキサス義勇軍として近隣の住民が追っていたのだが味方の負傷で断念をし、最終的に誘拐された姉のルーシーの婚約者とマーティンとイーサンの三人とが捜索をおこなうことになる。途中でルーシーが慰みものとなって殺害されことを知り、自暴自棄になった婚約者は、単独でコマンチ族に襲いかかり撃ち殺されてしまう。イーサンは、義理の甥であるマーティンに先住民チェロキー族の血が混じっていることから毛嫌いし、二人は共同しながらも反発を強める。ようやくデビーを取り戻して、今度はイーサンは彼女を受け入れて連れて帰る。もっとも、彼女が帰る本来の家は焼かれてしまったので、マーティンの結婚相手となるジョーゲンセン家に戻るのだ。

この映画は、イーサンを迎えるために兄の家の扉が開く場面で始まり、最後にはイーサンを外に残したままで別の家の扉が閉まる場面で終わる。そこから主人公の時代遅れの姿が浮かび上がってくる。そして、テキサス州の話のはずだが、フォードが気に入っていたユタ州のモニュメント・バレーで撮影したせいで、風化した岩のある風景に象徴性が加わっていた。おかげで暗さを抱えて立つイーサンが、そのまま何かのモニュメントとして見えてくるのだ。

この映画をルーカスが参照したのは間違いない。『新たなる希望』での帝国軍のストームトルーパーに伯父の家が焼打ちされたのをルークが見る場面は、そのまま『捜索者』でコマンチ族に襲われた後で黒煙をあげて燃える家をイーサンが見る様子と重なる。このショットの借用関係については多くの指摘がすでにある(ブルッカー『スター・ウォーズ』、カミンスキー『スター・ウォーズ秘史』)。だが、それだけにとどまらない。

『捜索者』の冒頭と最後に扉のショットが反復されるのは、そのままタトゥイーンの二つの太陽を見るルークの場面とルークを育てた伯父夫婦が見る場面の反復として利用されている。しかも士官が身に着けるサーベルが象徴的に扱われるが、ライトセーバーのように武器としては時代遅れである。

セーバーはサーベルのことなので、吹き替えなどでは「ライトサーベル」と訳されている場合がある。若い騎兵隊員が振り回すサーベルによって、牧師兼テキサス警備隊の隊長の尻が斬られてしまう。ルーカスはサーベルの意味をライトセーバーとして新しく読み直したのだ。そしてラーズがルークの伯父オーウェンの苗字となっているが、ラーズとは、『捜索者』で争いの発端となるコマンチ族に牛を盗まれた男の名前だった。苗字と名前の入れ替えは、すでに指摘したようにルークとルーカスの場合とおなじである。

サーガのなかで『捜索者』とのより深い関連を持つのはアナキン三部作のほうだろう。グリーヴァス将軍がジェダイ狩りを誇示し、ライトセーバーのコレクションをオビ＝ワンに見せる。これはコマンチの族長のスカーが、白人の頭を切り取った髪の毛のコレクションをイーサンたちに見せる場面と対応する。アナキンがシミの遺体を抱えて帰るのはラーズ家だったが、イーサンはデビーをラーズ・ジョーゲンセンの家へと連れて帰るのだ。

しかも、イーサンが抱える暗さや激情がアナキンと振幅する。奴隷から這い上がったアナキンは、イーサンと同じように戦うことによって人生を切り開いてきた。しかも家族はいてもきちんと家庭を持てなかったアナキン＝ダース・ベイダーの暗さは、ジョーゲンセン家の扉の向こうに置き去りにされる敗残兵イーサンの孤独と重なる。年齢的にはアナキンはイーサンよりもずっと若く、結婚をめぐるコミカルな騒動のある甥のマーティンに近いのだが、作り出したルーカスの年齢を反映してなのか、キャラクターの内面を造形するときにイーサンからもらった部分は大きい。

【新しいフロンティア】

一九五〇年代には、『捜索者』や『シェーン』のような西部劇そのものがフロンティアの完全消滅を告げていたのだ、とゲアリー・ウェストファールは指摘する（『宇宙とその彼方─SFにおけるフロンティア神話』序文）。立ち去るシェーンがジャンルの終わりを象徴していたわけだ。それは『捜索者』のイーサンが扉の外に取り残されたのと同じである。

そんなときに新しいフロンティアを求めて宇宙に向かうには、冷戦という動機づけが必要だった。一九五七年にソ連が宇宙に衛星を打ち上げたスプートニク・ショックが引き起こしたアメリカ内部からの動きである。ジョン・F・ケネディは一九六一年に「宇宙が最後のフロンティア」だとして、アメリカが六〇年代の間に月へと到達すると宣言した。

ケネディが直面したのは、ピッグス湾事件で政権転覆を狙い失敗したキューバがソ連と接近して核ミサイル基地を建設したことだった。一九六二年の核ミサイルの配備をめぐるキューバ危機であった。核戦争＝第三次世界大戦の危機が最大限に高まったとされる。この時点ではＩＣＢＭ（大陸間弾道ミサイル）の戦略が完成していなかったので、原子力潜水艦や近くの基地から打ち込む中距離型の核兵器が主流だった。脅威は空から飛来するものという不安がずっと付きまとうことになる。

こうした核時代のなかで、西部劇のスタッフを中心に製作されたのが、一九六六年にテレビ放送が開始された『スター・トレック（宇宙大作戦）』である。単にアメリカのフロンティア神話を宇宙に展開しただけでなく、「宇宙、それは人類に残された最後の開拓地である」という日本語ナレーションにあるように、「明白な使命」を持って宇宙に向かう一行として扱われていた。もっとも翻訳ではアメリカが人類へと全面的に置き換わってしまったが。

一九六〇年に『アストロノーツ』という専門雑誌に発表された「サイボーグと宇宙」という論文で語られた「サイボーグ」というアイデアも、宇宙空間で活躍する飛行士たちが「恒常性」を保つためには、補助する機械装置が必要だという考えから生み出された（『サイボーグ・ハンドブック』所収）。ルークやアナキンともつながるこのサイボーグが、後に「ボーグ」として、『スター・トレック』の新シリーズで活躍したのも不思議ではない。

ケネディの予言通りに、一九六九年に月面着陸へと到達したアポロ計画だったが、ヴェトナム戦争の戦費の増大もあって、一九七二年には予算不足から中止となった。そういった意味でも『スター・ウォーズ』のような作品は、現実のアメリカでは空白となった宇宙への夢を埋める作品でもあったわけだ。そして、ニクソンが副大統領時代に推進したスペースシャトル計画が本格的に始まる。繰り返し使用できて、宇宙と地球を往復できる宇宙船によってコストダウンをするのがねらいだった。『スター・トレック』ファンたちの投書で名前が決まった最初の実験用シャトル「エンタープライズ号」が、カリフォルニア州のエドワーズ空軍基地へと帰還したのは一九七七年八月十二日のことだった。

すでに五月二十五日には『スター・ウォーズ』は公開されていたので、スペースシャトルはそれを追いかける形となった。スペースシャトルの登場で、宇宙ロケットが、それまでの多段式の円筒形と三角錐の先端を持つ宇宙船から、ジェット機のように三角翼を持ち滑空するものへと変わった。『シスの復讐』の冒頭で、誘拐されたパルパティーン最高議長を乗せた宇宙船が、燃えながらコルサントへと着陸する場面は、まさにスペースシャトルの着陸を連想させるものだったのだ。

2　「スター・ウォーズ計画」と冷戦

【ヴェトナム戦争のトラウマ】

『アメリカン・グラフィティ』の最後で四人の主要人物のその後の消息が報じられる。スクーターを乗り回していたテリーは、「ヴェトナムで戦闘中に死亡」と出てくる。いちばん見栄を張りたがった男が最初に亡くなるのだ。これは英雄としての死ではなくて、無名の一般兵士としての死である。そんなテリーは、多くのアメリカの若者にとって身近に感じられるキャラクターだった。

ルーカスが「スター・ウォーズ」の全体を構想しているときに周囲で起きていたのは、権威の失墜と政府への不信だった。一九七五年にヴェトナム戦争でアメリカが敗北し、サイゴン（現ホーチミン）から逃げ出した。冷戦の枠組みのなかで泥沼化し、大義を失った戦争に嫌気を指し、軍隊の中で麻薬の使用が広がっていた。ルーカスもサーガのなかに「スパイス」という麻薬をめぐる話を挿入している。しかも、軍のコンピューターのシミュレーションによれば、戦争は早期に終結するはずだったが、結果的に戦争が長期化し、大量の若者が投入され「犬死」したのである。

七〇年代にかけては、泥沼化した戦争情況では、もはや『グリーン・ベレー』（一九六八）のような戦意高揚映画は成立しなかった。これは、ジョン・ウェインが反戦気分が広がるアメリカ国内の世論を変えようとして自ら監督した映画だった。戦争の大義に疑問を持ったジャーナリストが従軍して北ベトナムの非情さに目覚めていくという話である。ウェインが『史上最大の作戦』（一九六二）でノルマンディー上陸作戦の落下傘部隊の隊長として活躍したときには戦争は正当性を帯びていたが、ヴェトナム戦争の場合には若者の反感を買っただけである。

七〇年代には、戦場での犯罪や戦争後遺症を描くものが主流となっていく。第一次世界大戦を舞台にした『ジョニーは戦場へ行った』(一九七一)は、あからさまな反戦のメッセージを送っていた。原作は第二次世界大戦時には反戦書として発禁になったし、監督のダルトン・トランボは赤狩りの犠牲者でもあった。また『突然の訪問者』(一九七二)は戦場での出来事が帰還兵とその家族に及ぼす影響を描いた。そして、ヴェトナム戦争後の一九七八年には、『帰郷』、『ディア・ハンター』、『地獄の黙示録』とその後傑作とされる映画が登場する。どれも戦争の恥部を描いたり、戦争後遺症のような精神的な傷を描いて、ヴェトナム戦争に関わったことがいかに社会体験として手痛い傷であり、癒すべき対象なのかが明らかとなる。

だからこそ、第一作目の『スター・ウォーズ』のように「大義」を信じられる映画が歓迎されたのだ。映画というフィクションのなかならば本物の血は流れないし、どのように否定的な要素が登場しても最後は解決して望みの結末にたどりつく。田舎の男ルーク・スカイウォーカーがヒーローとなって、帝国軍を破り銀河皇帝を倒すのに役目をはたす、という設定が支持された。それは現代においてはあり得ないことに思えるからであり、安心して自分たちのファンタジーを投影し託すことができるのだ。

ただし、『ジェダイの帰還』で銀河皇帝を第二デス・スターの奈落に落として始末をつけたのは父親のアナキンことダース・ベイダーだし、エネルギー装置を破壊したのはランドたちの一行で、直接ルークではない。だが、やはり全体としてみると、ダース・ベイダーがオビ＝ワンに再会したときに言うように、「円が一回りして完成した」感覚を与えてくれる。それはきちんと敗北宣言をせずに、始末がつかなかったヴェトナム戦争とは対照的なのである。とりあえずルーカスは、戦いの始末をつけることを表現できたのだ。

【スター・ウォーズ計画】

アメリカにおいて「スター・ウォーズ」という言葉が文化現象としてではなく、国際問題として捉えられたのは、キューバ危機を経た冷戦期の米ソの核ミサイル開発競争においてだった。大陸間弾道ミサイルを迎撃するという一九八三年に発表されたＳＤＩ（戦略防衛構想）は、ソ連が打ち上げた核ミサイルをアメリカに到達する前にレーザー兵器で撃ち落とすという内容だった。「スター・ウォーズ計画」という別名は自称ではなくて、スペースオペラ的な計画に対する揶揄だった。相手の核ミサイルを撃ち落とすレーザー兵器計画を提唱したのが、西部劇俳優でもあったロナルド・レーガン大統領だったせいである。拳銃の代わりにレーザー銃を装備したスペースオペラのガンマンとみなしたのだ。

レーガンは一九八一年に大統領に就任したが、その前年に『帝国の逆襲』が発表されている。そしてＳＤＩの八三年には『ジェダイの帰還』が登場した。皮肉にも、ジョン・ウィリアムズが「メイン・テーマ」を借用したとされる『嵐の青春』で脇役を演じたのが俳優レーガンだった。この映画での演技は、レーガン本人も映画俳優としての最高の出来と捉えていたし、勇壮なテーマ音楽に過去の出演作を思い出したのかもしれない。

その後も、SDI構想をめぐる映画が登場する。ルーカスフィルムがVFXを担当した『ターミネーター』(一九八四)は、サイバーダイン社が作り出した戦略防衛コンピューターのスカイネットが「自意識」を持ち始め、ロボットたちを使って人類を殲滅しようという未来だった。ここにあるのは、SDI構想の自動化の帰結である。管理システムをコンピューターに委ねたせいで、人間を襲うようになるというのはSFでは定番の設定でもあるが、機械の側が人間の反乱者を根絶やしにするために、指導者の母親を殺しにタイムマシンで過去へとやってくる点が新機軸だった。

しかも量産できるロボットを使って過去の改変をおこなおうとするせいで、敵と味方が幾重にも立場を変転させてしまう。そもそもスカイネットの構想はどこから生まれたのか、とか、阻止する動きはスカイネット自身にも跳ね返るはずで、そうした点は続編で追及されている。シリーズ中での評価が低い『ターミネーター3』(二〇〇三)では、スカイネットの正体が冷戦期のコンピューターシステムとされてしまう。まさにSDI構想そのものとつながっていて、しかも未来の人間と機械それぞれが過去を改変して主導権を握ろうとする騒動となるのだ。

シリーズのなかで善悪さまざまな立場のターミネーターを演じたシュワルツェネッガーは、レーガンの後を追うように二〇〇三年にカリフォルニア州知事となった。周囲の期待もあったのだが、知事を二期でやめたあと、大統領選には出馬しなかった。アメリカ国籍を取得したとはいえ移民一世であり、妻は彼とは異なり民主党支持者なので、意見が合わなかったという理由もある。いずれにせよ、ハリウッドから大統領を出すことはかなわなくなった。

SDI構想という冷戦の置き土産の存在を示したのが、クリント・イーストウッドが監督した『スペース・カウボーイ』(二〇〇〇)だった。タイトルに「カウボーイ」がついているところが、二重三重に皮肉が効いている。マカロニウエスタンのスターでもあるイーストウッドが参加しているので、時代遅れだが「フロンティア精神」をまだ持っている男たちの物語というわけだ。かつてNASAによって訓練されながらも、成層圏を脱出するという夢を絶たれた高齢の男たちが集められ、再訓練をした上でスペースシャトルに乗って旧式の衛星の回収に向かう。世間をあざむくダミーとして選ばれたのだが、いつしか全国民の希望の星となってしまった。宇宙に出かけた彼らの前に出現したのは、核ミサイルを搭載した旧ソ連の衛星だった。接近によって予想をしなかった反応をする衛星の後始末が、彼らの使命となってくる。

ここでの宇宙の描き方には、かつてNASAが持っていたフロンティア精神の名残がある。そして病気による死を覚悟しているパイロットは、核爆弾といっしょに月へと向かう。フランク・シナトラが歌う「私を月まで連れて行って」の歌とともに、月着陸の夢までかなえてしまう。死体のヘルメットの表面に地球が映る場面が印象的である。スカイネットのような支配網から脱出するには、「ターミネーター・シリーズ」のジョン・コナーのように、頭文字から生まれつき救世主《ジーザス・クライスト》を背負ったわけではない普通の人間の努力や犠牲が必要だ、ということを老人たちの姿を通じて描いている。

この映画は「フロンティアとしての宇宙」のイメージに「スター・ウォーズ」計画として付着した汚名を消そうとしている。人間が宇宙に進出することが、戦争や利害の対立を超えた純粋な思いを持っていた時代へのノスタルジーである。ただし、彼らの「宇宙をめざす」という幸福な夢が、実際には軍事競争に支えられていたという苦い認識を伴なっている。その後も『ゼロ・グラビティ』

(二〇一三)や『インターステラー』(二〇一四)といった宇宙を題材にした映画が、似たような観点で戦いの舞台とは異なる宇宙の姿を見せようと試みてきた。だが、SDI構想という現実の出来事が宇宙の夢に入りこんでいて、もはや星空に向かって飛ぶという純粋な夢を見ていた時代には戻れなくなっているのだ。

【要人暗殺とテロリズム】

『クローンの攻撃』は首都惑星コルサントに到着した元老院議員パドメ暗殺未遂から始まる。実際には、パドメの替え玉であるコーディが亡くなったのだが、これは要人暗殺が起きるアメリカ社会を描いている。用心のためにパドメは別の宇宙船に乗っていたのだが、この結果、コルサントにおける政治的な緊張が一気に高まるのだ。しかも、パドメは寝室でも襲われ、その監視を言いつかったアナキンとの間の親密な関係が深まることになる。暗殺者を追いかけて、摩天楼のコルサントの夜を飛び回る。ジェダイ殺害という「オーダー66」が発令したときにも、コルサントの街中はふつうと同じように交通機関が動いている様子が描かれている。暗殺やテロやクーデターは、戦場ではなくて日常の風景と隣り合わせにあるわけだ。

じつは他ならないレーガン大統領は、一九八一年三月三十日に首都ワシントンで暗殺されかけた。しかも犯人のヒンクリーの動機は政治的なものではなかった。マーティン・スコセッシの映画『タクシードライバー』(一九七六)で娼婦を演じたジョディ・フォスターに執着しストーカーとなっていたが、映画のなかのフォスターにふさわしい相手となるために、いつしか大統領の暗殺を計画したという。

カーター大統領のときには機会がなく、レーガン大統領になって実行したわけで、相手は誰でもよかったのである。高齢にもかかわらず奇跡の復活を遂げたおかげで、レーガンは国民からの支持を強め、レーガノミックスなどの施策を推し進めることができた。二期目もすんなりと進み、副大統領だったジョージ・ブッシュ(父)が次期大統領となったことで、共和党による政権が続いた。

一九八六年一月のスペースシャトル「チャレンジャー号」の空中爆発の事故のあとで、大統領教書を発表する代わりにおこなったレーガンの弔辞は、内容とその語りにおいて歴史に残るものとされる。悲しみを乗り越えて宇宙というフロンティアへの挑戦を続けようという内容で、スピーチライターの手になる名台詞を、レーガンという役者が見事に語りきったのである。もともとラジオ番組のアナウンサーとして、臨機応変の語りで人気を得たレーガンだから、「スター・ウォーズ計画」のような絵空事に見えるプランも真実味が感じられた。

この暗殺未遂事件での流れ弾を頭にうけて、ブレイディ大統領報道官が重い後遺症を負った。そのため銃規制をするブレイディ法が、十年間の時限立法であるが、一九九四年に発効した。もっとも、チャールトン・ヘストンが会長をつとめた全米ライフル協会による反対活動もあって、十年後には失効してしまった。銃が蔓延した社会では、ライトセーバーのような剣を使うのは時代遅れであるが、個人の技量に基づく戦いに見え、西部劇のなかで素手で殴り合うのに近い。

銃を扱いなれたジョン・フォードが『静かなる男』(一九五二)のような全編殴り合う映画を作ったのは、それが自分の肉体を賭けて戦う「フェア」な精神を表すように思えたからだ。そして『捜索者』(一九五六)のなかでも、マーティンを待ちきれなくなった女性が他の男と結婚寸前になるが、彼女のために相手と素手で殴り合いをする。こうした殴り合いは両者の「和解」の手段として採用されていて、相手を一瞬で殺したりする銃とは異なる解決法となっていた。

もちろん、剣は素手よりも簡単に人を殺せるが、それでもオビ＝ワンが『新たなる希望』でルークに父親のライトセーバーを渡すときに言ったように、銃よりはずっと洗練されて文明的というわけだ。オビ＝ワンは『シスの復讐』でグリーヴァス将軍を倒すときに、自分が落としてしまったライトセーバーではなくて、代わりに将軍が持っていたレーザー銃で撃ち殺す。そして「野蛮だ」という意味合いで「文明化されていない」と口にして武器を投げ捨てる。あまりに簡単に殺せる行為への批判ともとれるし、安易な武器そのものへの嫌悪ともとれる。背後でブレイディ法などの銃規制の動きともつながっているのだ。

オビ＝ワンはアナキンと異なり宇宙船の操縦も苦手で、グリーヴァス将軍を追跡するときにオオトカゲを乗り物にしていることからも、機械よりも生物に親近感を持っている。ライトセーバーも自分の身体の延長としてとらえるのがジェダイの騎士である。レーザー銃は個人の能力と関係なく誰でも扱える武器なので「文明化されていない＝野蛮な」わけだ。グリーヴァス将軍がサイボーグ化して機械に近くなっている姿への反発でもあるし、ドゥークー伯爵によって右手を喪失して以来、機械の手の持ち主となったアナキンとしだいに疎遠となっていく理由でもある。

リンカーンやケネディの暗殺も銃でおこなわれた。一八六五年にリンカーンは観劇中に至近距離で俳優のブースに殺された。敗北した南部の復讐がリンカーンの暗殺の背後にあったとされる。ただし、奴隷解放論者として理想化されがちだが、リンカーンは先住民である「インディアン」に関しては差別主義的で殲滅論者だった。しかも対インディアン戦争には、北軍時代に組織された「バッファロー・ソルジャー」と呼ばれる黒人兵士が多数参加していた。彼らもフロンティアを消滅させる役割の一部を担ったのだ。

一九六三年のケネディ暗殺の犯人オズワルトの動機は不明であり、そもそも彼が真犯人なのかという疑問さえ出されている。ケネディがカトリックであることへの反発をはじめ内外のさまざまな黒幕が想定されている。キューバ危機を乗り切った英雄が、同時にヴェトナム戦争へ深入りすることでアメリカ自体を疲弊させていくように、東西冷戦が生み出した内外の多くのファクターが働いていた。ナブー侵攻やパドメ暗殺の場合も、黒幕となったのは「分離主義者」だが、これ自体が「通商連合」や「インターギャラクティック銀行グループ」などが参加した複合体である。その背後にパルパティーン最高議長＝暗黒卿シディアスがいるにしても、複数の利害が一致するからこそ、賞金稼ぎを雇って始末をつけようとしたのだ。

一九九九年に『ファントム・メナス』でアナキン三部作が始まったときには、要人暗殺やテロリズムはアメリカ国内とは無縁に思えていた。ところが、二〇〇一年の9・11によって状況は一変する。テロリズムが民族や宗教と絡んだものと理解され、しかも内在する可能性が出てきたのだ。そうした社会の動きが、二〇〇二年の『クローンの攻撃』、二〇〇五年の『シスの復讐』へと浸透してきた。

最終的に戦いや殺しを求める「捜索者」でもあるイーサンが抱えた苦悩が、アナキンの中へと入ってくる。それは戦争国家として絶えず他国に兵士を派遣してきたアメリカという国が抱える苦悩ともつながる。イーサンが南北戦争が終わっても戦いに参加し、どうやらそれで大金を得たように、アナキンもまたジェダイの騎士さらにはダース・ベイダーとしてたえず戦場にいる。ルーク三部作は、「ニューシネマ」が抱えた屈託を振り払った「白か黒か」と単純化したせいで人気を得たわけだが、現実の政治の混沌が今度はサーガに襲いかかってくる。製作者も観客もそれを無視しては映画と関わることができなくなったのだ。ルーク三部作のファンのアナキン三部作への幻滅が生じたのは、新たな関係を受け入れることが難しい点にあるのだ。

3 フロンティアからフロントへ

【無人の戦争へ】

当然ながらサーガには戦争があふれていて、たとえば『シスの復讐』の冒頭は「戦争だ！」と始まる。この作品が二〇〇五年に公開されたことで、現実に進行しているイラク戦争と共振していた。同じ年には、盟友スピルバーグが、火星からの侵略者がすでにマンハッタンに飛来していて地下に眠っているというイメージを利用して『宇宙戦争』をリメイクした。ルーク三部作とアナキン三部作の違いは冷戦体制の崩壊にあった。

一九八九年にベルリンの壁が崩壊し、一九九一年にはソ連が消滅してしまった。同じ年にアメリカが仕掛けた湾岸戦争での大きな変化はメディア戦争であり、お茶の間に強烈な映像を送ってきた。とりわけＣＮＮがイラクのバクダットから中継したスカッドミサイルが襲ってくるリアルタイムの映像は、敵の側から見るという体験を与えた。

メディアの変化は、映画にも及んだが、それだけでなく、湾岸戦争はミサイルや遠隔操作の無人兵器が活躍することになった。ドロイド兵やドロイデカなどの無人兵器やロボット兵器は、もはや絵空事とはいえなくなりつつある。少なくも遠隔操作によるミサイルや無人爆撃機は湾岸戦争以降活躍してきたし、ドローンのように手軽に敵地を撮影したりする道具も実用化されてきた。そもそも核兵器の配備こそが、地上軍を大量に派遣するのに必要な戦費の節約を目指したともいえる。ヴェトナム戦争の戦費のためにアポロ計画を途中で打ち切ったし、ハリケーン「カトリーナ」の被害が拡大したのは、イラク戦争の戦費に金を回して国内の安全対策を怠ったせいだ、という指摘もなされている。

スプートニク・ショックを受けて、国防総省にDARPA（国防高等研究計画局）が一九五八年に設立された。国防のための研究開発プロジェクトから、インターネットのもととなったARPAネットも作り、なかには荒唐無稽なプロジェクトもあるが、派生的な技術がルンバのような自動掃除機に応用されたりすることで、民生品と軍事品の区別なしに応用されている。DARPAの軍事プロジェクトのひとつが、ボストン・ダイナミックス社が開発中の「ビッグ・ドッグ」と呼ばれる四足で移動するロボットである。戦場での輸送や地雷の敷設された場所での活躍が期待されるが、それはドロイド兵やドロイデカとつながる無人兵器となりえる。

アナキン三部作は、ルーク三部作よりも設定となる時代は前なのに、戦争イメージは現実の戦争の武器や戦術の変化に合わせて、よりリアルになった。ルーク三部作では、惑星オルデラーンが消失するという核戦争の恐怖をそのまま表現する場面が出てきた。それが絵空事とか荒唐無稽とされた理由だった。そして二つの要塞の爆破場面も一瞬にして粉みじんとなる。ところが、アナキン三部作では破壊されたり墜落する宇宙船も一気にではなくて徐々に解体するように、一瞬で始末がつかない描き方が主流となる。

ドロイド兵士やクローン兵士という集団がたくさん出現する。それはイラク戦争やアフガン紛争で活躍した、搭載カメラをはじめハイテク機器で身を固めた現在のアメリカ陸軍兵士の姿でもある。クローン戦争の発端となるジオノーシスの戦いでは、ヨーダが味方のジェダイの騎士たちを救出するためにクローン兵士の一団を率いて急襲する。大型ヘリコプターで兵士を輸送する姿そのものである。画面には彼らを運んできた共和国軍のスター・デストロイヤーが見えている。まさに電撃戦の時代なのだ。

「電撃戦」はヒトラーなどが得意とした戦術だったので、一見すると過去の攻撃方法に戻ったように思えるが、ランド研究所のアンドリュー・マーシャルが提唱した「軍事革命」の観点からだと、現在はこちらが新しいのである。核ミサイルの配備が抑止力となった後では、通常兵器の機能を利用して地域限定の「電撃戦」をおこなったほうが効率が良いと考えられる。アメリカにとってその実践の場が湾岸戦争だった(アベラ『ランド　世界を支配した研究所』)。

湾岸戦争以降、通常兵器であるトマホークやスカッドミサイルが飛び交い、さらに地上を制圧するには兵士の展開や常駐が必要となる。ただし、アメリカの思惑に反して、多国籍軍が自爆テロを含めた抵抗にあって、いつ終わるとも知れぬ泥沼化していったのである。アメリカは、自分たちの対ソ戦略が生み出した鬼子であるオサマ・ビンラディンという「暗黒卿」を倒すのにさまざまな手段を使い、二〇一一年についにオバマ政権が葬り去った。だが「イスラム国」のような新しい組織が生み出されてしまった。

【フロンティアとフロント】

ルーク三部作は最終的な解放の喜びに満ちていたのに、アナキン三部作は冷戦後の宗教や民族による対立、さらに暗殺やテロリズムを描いている。とりわけ9・11でニューヨークとワシントン郊外のペンタゴンが民間航空機で襲われたショックがあるせいで、『シスの復讐』で首都惑星コルサントの上空でパルパティーン最高議長が誘拐される場面には強い関連が感じとれる。ワシントンは空からの攻撃に無防備な首都というイメージがついてしまったのだ。

アメリカにおいて「フロンティア」は戦いの前線「フロント」と密接に関わり合いながら形成されてきた。けれども一八九〇年に対インディアン戦争が終結し、フロンティアが消滅したので、国内に前線は無くなったはずだった。カスター中佐に率いられる姿で映画のなかで何度も登場する有名な第七騎兵隊も、その後、フィリピン戦争や第一次世界大戦からイラク戦争まで、末裔となる部隊は海外の戦争に参加してきた。第七騎兵隊が国外に派遣されるのは、戦う前線が国内に無くなったせいだが、国内に「フロント」が出現する事態が起きたのがテロリズムだった。

たとえば、二〇一三年に起きたボストンマラソンでの爆弾テロ事件は9・11の記憶を新たにするものだった。この前後から大統領を人質にとったりホワイトハウスを襲撃する映画が増えている。同じ年の『エンド・オブ・ホワイトハウス』は北朝鮮の部隊が制圧するというもので、もう一つ公開された『ホワイトハウス・ダウン』は中東の核問題がからんでいる。競作となったのだが、どちらも外部の脅威に対する対応であり、ホワイトハウスで銃撃戦がおこなわれる。もちろんこれまでも、核戦争や宇宙人の侵略を題材にしたさまざまな映画がホワイトハウスを映像の上で破壊してきたのだが、9・11以降ワシントンは外国から守られる聖域ではなくなった。

ホワイトハウス自体が、独立後に侵入してきたイギリス軍に焼打ちされたのを隠すために、建物を補修後に全体を白く塗ったのが始まりである。『エンド・オブ・ホワイトハウス』はその歴史をうまく利用していた。どちらの映画でも、大統領はおろか副大統領すらも人質になってしまうと、下院議長が代行を務めて政治的な決定するというアメリカ政治の仕組みが明らかになる。パルパティーン最高議長が非常時に権限を持つという設定もそこらに根拠があるのだろう。そして、テロリストが国内にいるならば、戦争の「最前線」はすでに内側にあるとされる。

また、『ブレーキ』(二〇一二)では、ワシントンのテロで大統領を警護するシークレットサービスの男が捕まり、密室の中で責められる。大統領が緊急時に「ルーレット」と呼ばれる隠れ家に逃れてしまい、その入口を主人公だけが知っているという設定である。『捜索者』でも、幼いデビーは何かあったら家を離れて墓地へと行ってじっと隠れていろと母親から指示される。実際には犬がついてきて鳴いてしまい、コマンチ族のスカー族長に捕まってしまう。現代の大統領は雄々しく戦うのではなく、隠れるのである。

いまやルーク三部作が依拠したような夢を与える「フロンティア」はなくなり、アナキン三部作が示したような「フロント(前線)」が存在するだけになってしまった。現在アメリカが介入している戦争や紛争は、既得権益や理念を守るための戦いである。湾岸戦争は「砂漠の嵐作戦」と呼ばれたが、

9・11を受けてのアフガン紛争は「不朽の自由作戦」と、二〇〇三年からのイラク戦争は「イラクの自由作戦」と呼ばれている。一九四一年にフランクリン・ルーズベルト大統領がドイツや日本のファシズムと戦う理念を述べた有名な「四つの自由」(言論の自由、信教の自由、欠乏からの自由、恐怖からの自由)の延長にある。後半の二つはいわゆる「自由」ではなく、バリアフリーのように「解放される」とか「存在しない」という意味で、解放者としてのアメリカの姿を前面に押し出していた。

こうした戦いを通じてアメリカの価値観を広めることも「ネオコン(新自由主義者)」の戦略であった。そして、ブッシュ(子)大統領の側近として国務長官を務めたラムズフェルトやライスを輩出したシンクタンクのランド研究所にとって、それはアメリカ帝国の樹立を目指すことでもあった(『ランド 世界を支配した研究所』)。だとすると、二〇〇五年の『シスの復讐』の最後にダース・ベイダーが誕生し、帝国が支配する重苦しい日々が始まるのは、エピソードの連続としては解放の喜びに満ちた終わりが待つルーク三部作へとつながるとはいえ、むしろその後のアメリカの姿を示している。

ルーカスがすべての知的財産をディズニーに手放して、エピソード7を自分の手で推し進められなくなったのには、年齢や気力をはじめいくつかの個人的な理由があるのかもしれない。だが、サーガの作品全体から言えるのは、二〇一一年にスペースシャトル計画も終了し、宇宙がフロンティアとしての希望を失ったときに、SDI構想で汚名を着せられた「スター・ウォーズ」という言葉が重くのしかかってきたのだ。フォースを中心に置いた戦争の物語は続くだろうが、そこにあるのは力がぶつかり合う戦いの前線としての「フロント」であって、開拓地を約束する「フロンティア」ではない。

一九七七年に連続活劇のスペースオペラの楽しさを復活するという素朴な目標で始まった『スタ

ー・ウォーズ』そのものが、現在までのサーガ全六作の進展のなかで、無垢で素朴な子ども時代を脱却してしまったのだ。神話学者のキャンベルが提唱した「イニシエーション」に基づく英雄が成長する図式通りに、物語そのものもまた大人になってしまった。映画館を出たりＤＶＤを観終わった後の観客の目の前にあるのは、オビ＝ワンが苦手だと嫌い、アナキンが巻き込まれたような現実政治にまみれた世界である。こうしたフロンティアのない時代にどう対処するのかが、エピソード７以降のサーガにとって新しい課題となってくる。

おわりに　もう一つの銀河系

タトゥイーンに二つの太陽があるように、この世にはルーカスの作った銀河系と私たちの銀河系がある。ただし、「遠い昔、遙かかなたの銀河系で」と言いながら、それがアメリカの西部の歴史や世界情勢や戦争の歴史と切っても切れない関係を持つのは、すでに述べてきた通りだ。これは当然である。自分の背中を肉眼で見ることがかなわないように、私たち自身の銀河系を外から覗きこむことは不可能である。だから、何かに投影して自分たちの思いを語るしかないのだ。

子どものときに「スター・ウォーズ」の魅力に取りつかれたのならば、悪夢のような宇宙人や怪物が登場し、皆殺しをする悪党や、わくわくするようなメカが出てきて、というファンタジーの世界を楽しむだろう。けれども、大人になれば、現実政治の裏表の描き方に納得したり、ルークの禁欲的で求道的な生き方に憧れたり、アナキンがたどったような否定し抗いがたい悪への傾斜に心を揺さぶられるのではないか。サーガのなかに善と悪の二つの魅力が隠れている。そして「力」が持つ両義的な働き、つまり善も成長させるかもしれないが、悪も生み出すことがわかってくる。

ルーカスの銀河系では、確かにシスがたくらんだ帝国の野望は打ち砕かれる。だが、共和国のなかから帝国が芽生えてくるようすが描かれている。この流れは現在の私たちの世界にとって無視できない。世界のどこかで、共和国から独裁制が生まれたり、軍事クーデターや紛争が起きている。暗殺やテロリズムによる大量殺人は目新しいニュースではない。「オーダー66」の命令が飛ぶような世界は、決して映画のなかだけではないのだ。とてもありえない現実逃避のファンタジーとして、ハン・ソロのように笑い飛ばしていたら、自分たちの自画像だと気づいて笑いが止まってしまうかもしれない。あくまでも、サーガ全体は製作された順序に従って理解すべきだ、というのが私の結論である。ルーカスがそれぞれの時点での苦悩や問題を取り込んで彼の銀河系を成長させてきたからだ。ルーカス自身が、小説や映画や神話などの外の材料を意識的に取り入れてきたのだし、彼の作り出したものが逆に社会へ影響を与えてきた。そして映画だけでなく、関連する文化商品として、コミックスからおもちゃやゲームまでも視野に入れたビジネスをルーカスは成功させる。その収入に支えられて、自分の考える映画を作り続けるという「独立自営農民」的な夢を追求してきたのだ。

けれども、若い頃は横暴で無理解な映画会社の支配と戦っていたはずが、いつのまにかルーカス帝国のトップとなり、自分がいちばん嫌っていたはずの「ダース・ベイダー」のようになってしまったと反省する。良い面があったのは、思い通りに作品を作ることができたことだ、と述べていた(『夢の帝国：スター・ウォーズ　トリロジーの歴史』インタビュー)。これは現在でも、文化をどのように生産あるいは再生産するのか、そして「独立」をどう守っていくのかに関して考えさせられる言葉である。

しかも、ルーカスが儲けを独立保持だけでなく、投資をして映像や音響に関するデジタル時代のさまざまな道具を生み出したことを忘れてはいけない。過去の世界を否定しながら、前へと進んできたのだ。ルーカス自身はアイデアやひらめきに優れた映画作家でしかないが、その願望や夢の実現のために、映像から音響までに関する多くの技術が開発され導入された。そしてタイトーが「スペースインベーダー」を発売し、その亜流製作のなかから日本で多くのゲーム会社の基が生まれたといった間接的な刺激までも含めたら、世界に及ぼした影響はやはり大きい。

こうした変化する時代でいちばん大切なことは、『帝国の逆襲』で、ヨーダが訓練中のルークに言うように「お前は学んできたことを捨てなくてはならない」ことである。「学び捨てる(unlearn)」という言葉で、ヨーダそしてルーカスは私たちに新しい事態に対する柔軟な姿勢を求めている。けれども、これは学ばないという意味ではない。しっかりと身に着けた上で、その過去を忘れ、新しい境地に入ることでもある。テクノロジーの発展のなかで、自分を見失わずに生きていけ、と言っているようにも聞こえる。

もう一つの銀河系で起きた変化が、今度は私たちの方へと戻ってくる。双子の銀河系のように、あちらの世界で試された「共和国」や「正義」といった価値観が、こちらの世界へと伝播してくる。そうした力をルーカスは「フォース」という言葉でまとめてみせた。だから「フォースのともにあらんことを」というのは、フォースは自分たちを助けてくれる万能の守護神ではなくて、自分たちがどのように扱うかを考えるべき厄介な相手なのだ、という警告なのかもしれない。

あとがき

本書は、ジョージ・ルーカスの手になる「スター・ウォーズ・シリーズ」のエピソード1から6までの映画全六作、いわゆる「サーガ」を扱っている。スピンオフ作品にも触れてはいるが、小説やテレビアニメ、テレビゲームなど派生的な作品を全部合わせた「スター・ウォーズ宇宙」とでも呼ぶべき全体はとても幅広くて対象とはならなかった。第3章でそれなりに言及したつもりではあるが、あくまでも六作品と関連する部分だけで、詳細にはそれほど踏み込んではいない。

第一部は、二つの三部作とスピンオフ作品を扱った。ルーク三部作で、帝国軍の野望を砕き皇帝を倒すクライマックスへと達してしまう。その続編は意外なことに父親であるアナキンを扱う前史となった。アナキンの物語となったことで、「スター・ウォーズ・サーガ」が持つ暗黒面があぶりだされる。そして前史が後から語られることで、メビウスの輪のように因果関係が入り組んだものとなっている。正史のなかでは詳しく語られないクローン戦争を扱ったスピンオフ作品や、イウォーク物についても触れてみた。

第二部は、「あまりにアメリカ的な物語」として扱うことにした。帝国の支配を逃れ、共和国へと向かったアメリカ独立戦争の理念とのつながりを考える。フロンティアとしての宇宙が、中西部の独立自営農民の子どもが抱える苦悩を描く場所となる。都会や文明の中心での「成功」を夢見る若者を描いた前作の『アメリカン・グラフィティ』とつながっている。そしてルーカスが生まれ育ったのが西部であることや、現実の戦争との関係も扱った。
はたしてこの広大なサーガ全体をどこまで説明出来ているのかは心もとないが、不十分な点はご容赦願いたい。

*

個人的な体験を述べれば、第一作目の『スター・ウォーズ』つまりエピソード4『新たなる希望』を、公開初日の一回目に新宿プラザ劇場で観たのがつき合いの始まりである。ここは千人が入る大劇場だった。日本公開は七八年まで遅れたので、周辺情報を摂取する時間はたっぷりとあった。テーマ曲もミーコによるものがよくラジオから流れていたと記憶する。映画雑誌などにグラビアがあって、さまざまな妄想を掻き立ててくれた。

当日は時間に余裕をもって出かけたのだが、映画館の前には誰もいなかった。じつは朝早くから並んだ観客をすでに館内に誘導していたのだ。もはや最前列の席しか空いていなくて、冒頭であのスター・デストロイヤーの白い三角形が本当に上から落ちてくるように見えて、何よりも映像に圧倒された。入れ替え制のない時代だったので、観終わっても席を立つ者はほとんどいなくて、そのまま二回目の上映に突入したのを覚えている。映画館の外では入れない観客が並んで大騒ぎになっていたが、そんなことは全く知らずに、もちろん私もしっかりと続けて二回観たわけだが。私が大学一年生のときの思い出である。

それから幾星霜。第六作目のエピソード３『シスの復讐』をやはり新宿プラザのほぼ同じ席（記憶が定かでなかったので特定できなかった）で観終えて、映画の出来へのあれこれの不満はどこかへ飛んでしまい、最後に二つの太陽が沈む場面が出てきたら、なんだかひとつの「サイクル」を終えた気持ちになった。『新たなる希望』でダース・ベイダーが再会したオビ＝ワンに言った「今や環が完結した」と同感だった。新宿プラザがサーガの全六作をすべて上映した日本で唯一の映画館だとは最近まで知らなかったが、恵まれた環境にいたのだと思う。

だが、その新宿プラザも隣のコマ劇場を含めて、歌舞伎町の再開発のために取り壊され、長年お世話になった新宿ミラノ座など周辺の映画館も消えてしまった。新宿「地球座」という名称を覚えている人も少なくなったのではないか。これがなければロンドンの「地球座《グローブ》」で活躍したシェイクスピアに関心を持つこともなかった。巨大スクリーンがあって、消防法がやかましくなる前には、立ち見や廊下に座り込んだ客を含めて、千人以上がひとつの作品を食い入るように観ていた大きな劇場が、次々と消えてしまった。

シネコンは確かにゆったりとした座席になったが、数百人規模の小さな画面では満足できない作品も多い。しかも、全席入れ替え制の無粋なこと。映画を途中から観て途中で終える楽しみがなくなった。けれども、それもまた『スター・ウォーズ』が生み出したシステムなのだ。そして、ＤＶＤやケーブルテレビやネットで映画を観る時代になってしまった。電車などで見かけるスマホ視聴で理解できるのはストーリーくらいで、細部の魅力や大画面の迫力はなかなかわからないと思う。

文中では敬称を略している。シナリオや英語字幕からの訳は独自におこなったので、必ずしも日本語字幕や吹き替えの台詞とは対応していない。カタカナ表記は資料によってかなり揺れがあるが、いちばん妥当と思われるものを選んだつもりである。

それにしてもファンたちのエネルギーには目を見張るばかりだ。「ウィキペディア」だけでなく、専門の英語の「ウィーキーペディア」と日本語の「スター・ウォーズの鉄人！」が大いに役に立ったし、参照する年代記として使った『スター・ウォーズ大全』の大判の原書は、カラーのイラストとともに目を楽しませてくれた。事実誤認があるとすれば、指摘していただければ幸いである。

私の最初の著書である『ピグマリオン・コンプレックス』で短く触れて以来、いつかは「スター・ウォーズ・サーガ」を論じたいと願っていたが、ようやく今回でかなった。いつもながら書くことを示唆してくれた高梨治氏に感謝したい。

＊

二〇一五年十月吉日　エピソード7を期待しつつ

小野俊太郎

参考文献ほか

サーガの映像に関しては、それぞれ三部作をセットにしたDVDを参照した。特別篇とオリジナルのルーク三部作との異同に関しては筆者蔵のビデオなども利用した。他に参照した映画は上映時の記憶以外に、DVDやケーブルテレビで視聴したものである。『フラッシュ・ゴードン』など著作権の切れた戦前の映画の視聴ではユーチューブなどにもお世話になった。細かな事実確認に関しては英語サイト「ウィーキーペディア」と日本語版ともいえる「スター・ウォーズの鉄人!」が役に立った。ただし異同がある場合には英語版を優先している。それにしても熱烈なファンの長年の努力には大いに感謝したい。

撮影の裏話や発言については、ブズローの『注釈版シナリオ』、ポロックの『スカイウォーキング』、カミンスキーの『スター・ウォーズ秘史』を中心にチェックした。『夢の帝国:スター・ウォーズ トリロジーの歴史』のメイキング映像、さらにリンツラーの大著も大いに参考になった。サーガ全体を見据えたうえで第一作に焦点を定めたブルッカーの『スター・ウォーズ』からは、ドキュメンタリー映画やカナダ映画との関係について多大な示唆をもらった。現在のところの最良の出発点はブルッカーだと思う。また『スター・ウォーズ 完全基礎講座』は、日本人の手になるルーク三部作に関する見事な論集で、文中に名を挙げて参照している宮川昌己、石川権太、Dukeの論はここから採っている。図版が楽しい案内本はあまりにもたくさんあって、参考文献では割愛したが、これ一冊といえば、ハーンの『ジョージ・ルーカスの映画』ではないだろうか。

*

アイザック・アシモフ、『銀河帝国興亡史2 ファウンデーション対帝国』、岡部宏之訳、早川書房、一九八四年。
アイザック・アシモフ、『暗黒星雲のかなたに』、沼沢洽治訳、東京創元社、一九六四年。
アレックス・アベラ、『ランド 世界を支配した研究所』、牧野洋訳、文藝春秋、二〇〇八年。

伊藤詔子ほか、『新しい風景のアメリカ』、南雲堂、二〇〇三年。

カルロス・カスタネダ、『ドン・ファンの教え』、真崎義博訳、太田出版、二〇一二年。

ジョーゼフ・キャンベル&ビル・モイヤーズ、『神話の力』、飛田茂雄訳、早川書房、二〇一〇年。

笹田直人編著、『〈都市〉のアメリカ文化学』、ミネルヴァ書房、二〇一一年。

猿谷要、『西部開拓史』、岩波書店、一九八二年。

ゲリー・ジェンキンズ、『ドキュメント《スター・ウォーズ》』、野田昌宏訳、扶桑社、二〇〇四年。

エーリッヒ・ショイルマン、『パパラギ はじめて文明を見た南海の酋長ツイアビの演説集』、ソフトバンククリエイティブ、二〇〇九年。

ロバート・シルヴァーバーグ、『第四惑星の反乱』、中尾明訳、岩崎書店、一九八〇年。

E・E・スミス、『銀河パトロール隊』、小西宏訳、東京創元社、一九六六年。

トーマス・G・スミス、『ジョージ・ルーカスのSFX工房』、石上三登志監訳、朝日新聞社、一九八七年。

巽孝之、『リンカーンの世紀　アメリカ大統領たちの文学思想史 増補新版』、青土社、二〇一三年。

トーキョー“スター・ウォーズ”評議会、『スター・ウォーズ　完全基礎講座』、扶桑社、一九九九年。

アンドレ・バザン、『映画とは何か』、野崎歓ほか訳、岩波書店、二〇一五年。

ロバート・A・ハインライン、『月は無慈悲な夜の女王』、矢野徹訳、早川書房、一九六九年。

フランク・ハーバート、『デューン　砂の惑星』、矢野徹訳、一九七二年。

デール・ポロック、『ジョージ・ルーカス伝　スカイウォーキング《完全版》』、高貴準三監訳、ソニーマガジンズ、一九九七年。

油井大三郎、『好戦の共和国アメリカ―戦争の記憶をたどる』、岩波書店、二〇〇八年。

*

Allmendinger, Blake. *Imagining the African American West*. U of Nebraska, 2005.
Benesch, Klaus, and Kerstin Schmidt(eds). *Space in America: Theory, History, Culture*. Rodopi, 2005.

Bouzereau, Laurent. *Star Wars: The Annotated Screenplays*. Del Ray Book, 1997.

Brooker, Will. *Star Wars*. Palgrave Macmillan, 2009.

Cheng, John. Astounding Wonder: *Imagining Science and Science Fiction in Interwar America*. U of Pennsylvania, 2012.

Davies, Linton. *The Editing of Star Wars: How Cutting Created a Classic*. Lulu.com. 2012.

Decker, Kevin S., and Jason T. Eberl (eds). *Star Wars and Philosophy: More Powerful Than You Can Possibly Imagine*. Open Court, 2005.

Doescher, Ian. *William Shakespeare's Star Wars*. Quirk Books, 2013.

Eisendrath, Craig, Melvin A. Goodman, and Gerald E. Marsh. *The Phantom Defense: America's Pursuit of the Star Wars Illusion*. Praeger, 2001.

Francaviglia, Richard V. *Go East, Young Man: Imagining the American West as the Orient*. Utah State UP, 2011.

Galipeau, Steven A. *The Journey of Luke Skywalker: An Analysis of Modern Myth and Symbol*. Open Court, 2001.

Gray, Chris (ed). *The Cyborg Handbook*. Routledge, 1995.

Hall, Roger A. *Performing the American Frontier. 1870-1906*. Cambridge UP,2001.

Hearn, Marcus. *The Cinema of George Lucas*. Harry N. Abrams, 2005.

Hendershot, Cyndy. *Paranoia, the Bomb, and 1950s Science Fiction Films*. Bowling Green State U, 1999.

James, Edward, and Farah Mendlesohn(eds). *The Cambridge Companion to Science Fiction*. Cambridge UP, 2003.

Jones, Karen R., and John Wills. *American West: Competing Visions*. Edinburgh UP, 2009.

Kaminski, Michael. *The Secret History of Star Wars: The Art of Storytelling and the Making of a Modern Epic*. Legacy Books, 2008.

Kerslake, Patricia. *Science Fiction and Empire*. Liverpool, U of Liverpool, 2007.

Kimmel, Daniel M. *Jar Jar Binks Must Die...and other Observations about Science Fiction Movies*. Fantastic Books, 2011.

Langford, Barry. *Post-Classical Hollywood: Film Industry, Style and Ideology since 1945*. Edinburgh UP, 2010.

Logan, F. Donald. *The Vikings in History. 2nd ed*. Routledge, 1991.

Mackey-Kallis, Susan. *The Hero and the Perennial Journey Home in American Film*. U of Pennsylvania, 2001.

Lucas, Gorge et. al. *The Star Wars Trilogy*. Del Ray,1995.

Mazur, Eric Michael (ed). *Encyclopedia of Religion and Film*. ABC-Clio, 2011.
Neale, Steve. *Genre and Hollywood*. Routledge, 2000.
Pierson, Michele. *Special Effects: Still in Search of Wonder*. Columbia UP, 2002.
Purse, Lisa. *Digital Imaging in Popular Cinema*. Edinburgh UP, 2013.
Rebhorn, Matthew. *Pioneer Performances: Staging the Frontier*. Oxford UP, 2012.
Rinzler, J. W. *The Making of Star Wars*. Del Ray, 2007.
Rinzler, J.W. *The Making of Star Wars: The Empire Strikes Back* (Enhanced Edition). LucasBooks.2013.
Rinzler, J. W. The *Making of Star Wars: Return of the Jedi* (Enhanced Edition). LucasBooks.2013.
Rubin, Michael. *Droidmaker:George Lucas and the Digital Revolution*. Triad, 2012.
Smith, Jim. *George Lucas*. Virgin Books, 2003.
Telotte, J. P. *Science Fiction Film*. Cambridge UP, 2001.
Wallace, Daniel. *Star Wars: The New Essential Chronology*.LucasBooks. 2005.
Westfahl, Gary (ed). *Space and Beyond: The Frontier Theme in Science Fiction*. Greenwood, 2000.
Wood, Robin. *Hollywood from Vietnam to Reagan-- and Beyond*. Columbia UP, 2003.

【著者】

小野俊太郎
…おの・しゅんたろう…

1959年、札幌生まれ。東京都立大学卒業後、成城大学大学院博士課程中途退学。

文芸・文化評論家、成蹊大学、青山学院大学などで教鞭もとる。

主著に『ゴジラの精神史』、『本当はエロいシェイクスピア』、

『フランケンシュタインの精神史　シェリーから『屍者の帝国』へ』

『『ギャツビー』がグレートな理由』(ともに彩流社)、

『モスラの精神史』(講談社現代新書)、『大魔神の精神史』(角川oneテーマ21新書)、

『〈男らしさ〉の神話』(講談社選書メチエ)、『社会が惚れた男たち』(河出書房新社)、

『日経小説で読む戦後日本』(ちくま新書)、『『東京物語』と日本人』(松柏社)、

『フランケンシュタイン・コンプレックス』(青草書房)他多数。

フィギュール彩㊸
スター・ウォーズの精神史《せいしんし》
二〇一五年十二月十八日　初版第一刷
著者――小野俊太郎
発行者――竹内淳夫
発行所――株式会社 彩流社
〒102-0071
東京都千代田区富士見2-2-2
電話：03-3234-5931
ファックス：03-3234-5932
E-mail：sairyusha@sairyusha.co.jp
印刷――明和印刷(株)
製本――(株)村上製本所
装丁――仁川範子

ISBN978-4-7791-7044-7 C0374
http://www.sairyusha.co.jp